선생님 사용 설명서

선생님 사용 설명서

초판 1쇄 2014년 11월 21일
초판 5쇄 2016년 4월 25일

지은이 차승민
그린이 주미
펴낸이 조영진
펴낸곳 고래가숨쉬는도서관
출판등록 제406-2012-000082호
주소 경기도 파주시 문발로 115, 302호(문발동, 세종출판벤처타운)
전화 031-944-9680 팩스 031-945-9680
홈페이지 www.goraebook.com

ISBN 978-89-97165-86-5 04370
     978-89-97165-85-8 04080 (세트)

이 도서의 국립중앙도서관 출판시도서목록(CIP)은 서지정보유통지원시스템 홈페이지(http://seoji.
nl.go.kr)와 국가자료공동목록시스템(http://www.nl.go.kr/kolisnet)에서 이용하실 수 있습니다.(CIP
제어번호: CIP2014031824)

* 이 책은 한국출판문화산업진흥원의 2014년 우수출판콘텐츠 제작 지원 사업 선정작입니다.

선생님 사용 설명서

차승민 글 | 주미 그림

고래카
숨 쉬는
도서관

차 례

들어가며 · · · 6

제1장 :: 선생님을 알아야 잘 사용할 수 있다

1. 선생님은 무슨 일을 할까? · · · 12

2. 부모님과 선생님은 무엇이 같고 무엇이 다를까? · · · 17

3. 알아 두면 좋은 선생님의 세계 · · · 20

제2장 :: 선생님과 친해지기

1. 선생님이 좋아하는 아이와 싫어하는 아이 · · · 26

2. 선생님과 친해지는 기술 · · · 31

3. 선생님과 친해지는 60가지 행동 · · · 34

제3장 :: 선생님을 사용하는 39가지 방법

1. 수업 시간에 선생님이 듣기 좋아하는 말 5가지와 듣기 싫어하는 말 5가지 · · · 42

2. 수업 중에 중요한 내용이 뭔지 파악할 때 · · · 46

3. 이해가 안 되는 것을 물어보고 싶을 때 · · · 50

4. 공부 계획을 세울 때 · · · 54

5. 글씨를 잘 쓰고 싶을 때 · · · 57

6. 숙제를 할 때 · · · 60

7. 발표를 할 때 · · · 63

8. 공부하기 싫을 때 · · · 66

9. 수업 중에 딴짓하여 선생님께 지적받을 때 · · · 69

10. 시험을 망쳐서 속상하고 부끄러울 때 · · · 75

11. 나머지 공부를 해야 할 때 · · · 78

12. 심부름할 때 · · · 81

13. 학교 대표로 대회에 나갈 때 · · ·84

14. 선생님께 칭찬받고 싶을 때 · · ·87

15. 친구와 잘 지내고 싶을 때 · · ·90

16. 친구와 서먹해졌을 때 · · ·93

17. 친구와 싸웠을 때 · · ·96

18. 아파서 보건실에 가야 할 때 · · ·99

19. 아파서 지각, 조퇴하거나 결석해야 할 때 · · ·103

20. 수업 시간에 화장실에 가고 싶을 때 · · ·106

21. 준비물을 안 가지고 왔을 때 · · ·109

22. 급식소에서 점심을 먹을 때 · · ·113

23. 우유 마시기 싫을 때 · · ·116

24. 자리를 바꾸고 싶을 때 · · ·119

25. 안내장(알림장)을 두고 왔을 때 · · ·122

26. 물건을 잃어버렸을 때 · · ·125

27. 선생님께 물건을 빼앗겼을 때 · · ·128

28. 학교나 교실의 물건을 망가뜨렸을 때 · · ·132

29. 청소를 할 때 · · ·135

30. 가정에서 여행이나 현장 체험 학습을 가야 할 때 · · ·138

31. 학교에서 현장 학습(수학여행)을 갈 때 · · ·141

32. 학교에서 휴대 전화를 사용할 때 · · ·144

33. 선생님께 연락(전화, 편지)할 때 · · ·147

34. 꾸중을 듣거나 벌을 받을 때 · · ·152

35. 선생님이 남아서 상담하자고 할 때 · · ·156

36. 부모님을 오시라고 할 때 · · ·159

37. 부모님을 설득하고 싶을 때 · · ·163

38. 전학을 가야 할 때 · · ·167

39. 선생님께 감사함을 표현하고 싶을 때 · · ·170

나오며 · · ·176

태호야, 유경아, 안녕!

난 차 쌤이야. 쌤은 17년 동안 아이들을 가르쳤지만 아이들은 날 너무 무서워해. 왜냐하면 쌤의 덩치는 곰처럼 커다랗고 얼굴은 시커멓기 때문이지.

하지만 1년 동안 지내다 보면 재미있는 쌤과의 수업을 즐기게 될 거야.

너희에게 쌤이 알고 있는 특별한 비밀과 기술을 알려 주려고 해. 그게 뭐냐면 그동안 아무도 가르쳐 주지 않았던 선생님을 사용하는 방법을 너희에게만 몰래 알려 주려고 하거든.

선생님을 사용한다는 말이 이상하게 들릴 수도 있어. 선생님 사용 설명서는 선생님과 친해지고 싶고 선생님과 즐거운 학교생활을 하고 싶은 아이들을 위한 친절한 지침서라고 생각하면 될 거야.

간단한 물건에서부터 복잡한 전자 제품까지 모든 제품에는 설명서가 있어서 어떻게 사용해야 하는지 방법을 알려 줘.

아이들이 좋아하는 게임이나 스마트폰은 설명서가 있지만 보지 않아도 가르쳐 주지 않아도 잘 사용해. 그건 마음껏 조작하다 보면 방법을 저절로 알게 되어서 그럴 거야.

하지만 매일 학교에서 만나는 선생님은 사용 설명서도 없고 마음껏 조작해 볼 수도 없어. 선생님들마다 성격도 다르고 가르치는 방식도 조금씩 차이가 나고 무엇보다 부모님보다 익숙하지 않아 어렵고 두려울 수 있어.

선생님을 사용한다는 건 게임을 하는 것과 같아. 게임을 잘하려면 게임을 하기 전에 설명서를 잘 보고 게임 속 주인공의 상황이 어떤지를 알아야 하듯이 선생님을 잘 사용하기 위해서는 약간의 공부가 필요해.

너희가 선생님을 사용하는 방법을 익히려면 선생님은 어떤 존재이고 무엇을 좋아하고 무엇을 싫어하는지를 알아야 한다는 거지.

그리고 너희의 모습이 어떤지도 알아야 선생님을 잘 사용할 수 있어.

사실 선생님들도 일 년 동안 함께 지낼 아이들과 친하게 지내고 싶어 해.

'이 친구는 이 행동만 고치면 좋은데······.'

'저 친구는 왜 선생님을 보고 인사를 안 하지?'

'고민이 있는 것 같은데 왜 이야기를 하지 않을까?'

선생님은 아이가 먼저 이야기해 주고 인사해 주기를 바라고 있어.

어때? 선생님 사용법이 궁금하지 않니?

선생님을 잘 사용한다는 건 너희가 즐겁고 행복하게 학교생활을 하기 위해 필요한 것이라는 걸 알면 좋겠어.

그럼 지금부터 차 쌤과 함께 선생님을 잘 사용하는 방법을 찾아보도록 하자.

2014. 11.

차승민

제1장

선생님을 알아야 잘 사용할 수 있다

• 왜 선생님에 대해 잘 알아야 할까?

대부분의 아이들은, 착하고 아이들을 잘 혼내지 않고 공부도 잘 가르쳐 주고 아이와 많이 놀아 주는 선생님을 만나고 싶어 해.

하지만 선생님도 좋아하는 행동, 싫어하는 말, 그리고 아이에게 바라는 것이 있단다.

선생님에 대해 관심을 가지고 알기 위해 노력하다 보면 즐거운 학교생활을 할 수 있을 거야.

• 이런 생각으로 선생님을 대하면 곤란해.

'선생님은 아이(나)를 가르쳐 주시는 분이니까 아이(나)에 대해서 잘 알아내 주세요.'

선생님은 아이들에게 잘해 주려고 노력해. 하지만 무턱대고 잘해 주진 않아. 아이의 성격은 어떤지? 아이가 뭘 좋아하고 뭘 싫어하는지 알아야 아이에게 필요한 걸 해 줄 수가 있어.

• 선생님을 잘 사용하려면
  선생님에 대해서 적극적으로 알려고 노력해.

'아이가 선생님을 알려고 노력하네? 더 잘해 줘야겠는걸.'

선생님은 아이가 적극적으로 선생님을 알려고 관찰하고 따라 하는 걸 굉장히 좋아해.

• 솔직하게 행동해야 해.

선생님을 적극적으로 알기 위해 노력하고 싶은데 어떻게 해야 할지 모르겠다면 솔직하게 행동하는 것이 가장 좋아. 선생님은 아이의 말과 행동이 진실한지를 늘 살핀단다. 물론 처음부터 솔직하게 선생님을 대하기는 어려울 수도 있어.

가끔 선생님도 아이의 말과 행동을 오해할 수 있어. 하지만 솔직하게 말하고 행동한다면 선생님도 아이의 진심을 알아 줄 거야. 그러면 선생님과 더 친해질 수 있을 거야.

• 한번 실패했다고 절대 포기하지 마.
    선생님을 알아 가는 건 처음엔 용기가 필요한 일이야. 선생님을 알아 가고 친해지는 것도 용기 있는 행동이야. 무엇보다 중요한 건 선생님은 너의 행동을 계속 지켜보고 있다는 사실이지. 포기하지 않고 선생님을 알기 위해 도전하는 친구를 선생님은 아주 좋아해.

1 선생님은 무슨 일을 할까?

▶▷ 선생님의 하루

학교에서 아이들이 하루 동안 해야 할 일이 정해져 있듯이 선생님도 아이들의 생활에 맞춰 하루가 지나간단다.

그럼 시간별로 선생님이 해야 하는 일을 알아보자.

1교시 수업 전

 차 쌤 : 선생님도 출근을 하지. 출근한 후에는 교실에 들어가 여러분을 맞이한단다. 먼저 온 아이들과 인사를 하고 표정이나 행동을 잠시 관찰해. 혹시 아프거나 기분이 안 좋은 아이들이 있는지 살펴야 하거든.

 태호 : 어떤 날은 선생님이 교실보다 교무실을 먼저 가시던데요.

 차 쌤 : 그런 날은 교무 회의를 하는 날이야. 학교에서 하루, 일주일 단위로 해야 할 일들을 선생님들끼리 의논한단다. 요즘은 회의를 오후에 하는 학교도 많아.
회의가 없는 날은 1교시 전까지 아침 활동을 지도하거나 준비물을 챙기기도 하지.

 유경 : 선생님도 준비물이 있어요?

 차 쌤 : 아이들이 가져오는 건 학습 준비물이고 선생님이 챙겨야 할 건 수업 준비물이야. 교과서

뿐만 아니라 지도에 필요한 여러 가지 물건들이지. 수업할 때 유심히 관찰해 보면 선생님이 필요로 하는 준비물을 알 수 있을 거야. 때로는 어제 준 안내장이나 설문지 같은 것을 받아서 정리하기도 하고 숙제 검사를 하는 선생님도 있지.

수업 시간과 쉬는 시간

 차 쌤 : 수업 시간은 선생님이 가장 즐거워하고 집중하는 시간이야. 아이들이 공부를 잘하는지 못하는지는 거의 수업 시간에 다 드러난단다. 그리고 행동과 태도도 유심히 관찰하지.

 태호 : 우린 수업 시간보다 쉬는 시간이 더 좋아요.

 차 쌤 : 맞아, 선생님도 쉬는 시간엔 쉬고 싶어.

 유경 : 쉬는 시간에 교무실이나 연구실에 가시지 않고 교실에 계신 선생님도 많던데요?

 차 쌤 : 아이들이 개인적으로 질문할 게 있거나 아이들과 이야기할 게 있으면 교실에 있지. 아니면 다음 시간을 준비하기도 해. 차 쌤은 아이들이 노는 모습을 지켜보기도 해.

 태호 : 어떤 걸 주로 보시는데요?

 차 쌤 : 늘 혼자 있거나 지나치게 소리 지르고 뛰어다니거나 몰려다니는 아이들을 주로 봐. 수업 종이 울렸는데도 앉지 않는 아이라면 더 유심히 보지.

 태호 : 헉, 그렇게 지켜보시는 줄 몰랐어요.

차 쌤 : 다른 아이들의 행동에 비해 지나친 면이 있는지 관찰해 보는 것이지.

 유경 : 그런데 우린 우리의 행동이 지나친 건지 아닌지 어떻게 알 수 있어요?

 차 쌤 : 간단해. 나의 말이나 행동 때문에 다른 친구들이 이상하게 생각한다는 느낌이 들면 지나친 행동일 수 있어. 정 판단이 안 설 땐 선생님께 물어보도록 해.

 태호 : 어떻게 물어보면 되나요?

 차 쌤 : 네가 했던 말과 행동을 그대로 선생님께 이야기하고 판단해 달라고 하면 해 주실 거야.

 유경 : 그러면 선생님도 쉬셔야 하는데 싫어하시지 않을까요?

 차 쌤 : 오히려 잘 해결해 주실걸. 그런 부분에 있어서는 전문가란 사실을 잊지 마.

점심시간

선생님도 점심시간에는 아이들과 함께 밥을 먹지. 그런데 선생님은 급식을 지도해야 하기 때문에 마음 편히 식사만 할 수는 없어.

방과 후

수업이 끝나면 청소 지도를 하고 아이들이 가고 난 뒤에는 본격적으로 선생님들은 다른 일들을 한단다. 교실을 정리하기도 하고, 내일 수업을 준비하기도 하지.

수업 준비 외에도 학교 교육을 위해 회의를 하고 계획을 짜는 일도 한단다.

친구들끼리 다툼이 있다면 남겨서 상담도 해야 하고 공부가 부족하거나 숙제를 하지 않은 아이들은 나머지 공부를 시킬 때도 있지.

▶▷ 선생님의 방학

아이들이 방학을 기다리듯 선생님도 손꼽아 가며 방학을 기다린단다. 하지만 선생님들은 방학 때도 마냥 쉴 수는 없어. 다음 학기나 학년을 대비해서 연수를 하거나 학교에서 방학 때 하는 다양한 프로그램을 진행하기도 해.

학교에서 업무를 많이 맡은 선생님은 학교에 자주 출근해서 수업 계획이나 여러 가지 계획을 세우기도 하지.

2 부모님과 선생님은 무엇이 같고 무엇이 다를까?

아이들이 유치원을 지나 초등학교에 다니다 보면 선생님과 엄마(부모님)는 같은 것 같으면서도 다르다는 것을 알게 될 거야.

어떤 점이 같고 어떤 점이 다른지 알아야 선생님을 잘 사용할 수 있겠지?

하지만 완전히 같거나 다르지 않아. 작은 차이가 있어. 예를 들어 설명해 보도록 할게.

아이를 대하는 기본 방법

같은 점	
선생님과 부모님은 아이와 많은 시간을 보내고 잘해 주려고 가장 노력하는 어른이다.	
다른 점	
부모님	선생님
- 내 아이를 먼저 생각한다. - 내 아이의 장점을 더 잘 본다. - 아이에게 필요한 것을 찾아 주려고 한다. - 내 아이가 더 뛰어난 줄 안다.	- 아이들을 모두 똑같이 바라본다. - 아이의 장점과 단점을 같이 본다. - 아이가 필요한 것을 스스로 찾도록 도와준다. - 아이들은 모두 뛰어난 점이 있다고 생각한다.

성적에 대해서 이야기할 때

같은 점	
공부의 결과라고 생각한다.	
다른 점	
부모님	선생님
- 공부하는 과정보다 점수에 더 신경 쓴다. - 성적이 좋으면 칭찬과 기대가 크다. - 성적이 떨어지면 걱정을 많이 한다.	- 점수보다 공부하는 과정에 더 신경 쓴다. - 성적이 좋아도 칭찬과 기대가 크지 않다. - 성적이 떨어져도 걱정을 많이 하지 않는다.

부모님과 선생님은 이렇게 작지만 큰 차이가 있어. 학교에서 선생님과 잘 지내는 아이들은 선생님을 대할 때 집에서와는 다르게 행동하지.

> > >

어릴 때 이사를 여러 번 하는 바람에 초등학교 때 전학을 네 번이나 다녔어. 그렇다고 적응을 못 해 내성적으로 지낸 건 아냐. 학교 갔다 오면 책가방을 던져두고 동네 공터로 나가 딱지치기, 자치기, 구슬치기를 하다가 해가 져야 집으로 가곤 했지.

개구쟁이였고 아이들과 잘 놀았지만 한때 위기도 찾아왔어.

5학년 때 반에서 가장 싸움 잘하던 아이에게 괴롭힘을 당해서 무척 힘들었어. 그때 담임 선생님의 격려가 큰 힘이 되었지.

"넌 잘할 수 있어. 괴로울 땐 선생님과 공부를 더 해 보자."

그때부터 선생님의 말씀을 귀담아듣고 공부에 열중하다 보니 괴롭힘도 없어지더라고.

더 놀라운 사실은 나중에 선생님이 되어 학교에 갔는데 5학년 때 담임 선생님이 교감 선생님이 되셔서 학교에 계시더라고. 그런데 교감 선생님으로부터 깜짝 놀랄 이야기를 들었어. 선생님은 나를 괴롭히던 아이가 아이들을 괴롭히지 않으면 일부러 남겨서 매일 칭찬을 해 주셨대.

그때 선생님을 믿고 공부한 덕분에 지금 차 쌤이 될 수 있었고, 괴롭히던 아이도 선생님의 칭찬 덕분에 지금은 건강한 어른이 되었지.

3 알아 두면 좋은 선생님의 세계

아이가 학교에 가면 담임 선생님과 가장 많은 시간을 보내지만 학교에는 담임 선생님 말고도 여러 선생님들이 있어. 어떤 선생님들이 있는지 간단히 설명할게.

▶▷ 교장 선생님, 교감 선생님

직접 수업에 들어오지 않지만 학교에서 가장 큰 어른이자 책임을 지고 있는 선생님이란 걸 알 거야. 식섭 만날 일이 없다고 생각하겠지만 누가 말썽꾸러기인지 다 알고 계시단다. 말썽을 피우는 아이를 보면 아마도 담임 선생님한테 알려 주실 거야. 그 이후에 벌어질 일들은 상상에 맡길게. 교장, 교감 선생님의 마음을 사로잡는 방법은 간단해.

인사 잘하기
멀리서라도 교장, 교감 선생님이 보이면 찾아가서라도 꼭 인사를 드려. 인사 잘하는 아이를 교장, 교감 선생님은 가장 좋아해.

교장 선생님

교감 선생님

보건 선생님

전담 선생님

▶▷ 보건 선생님

학교에서 가장 친절해 보이는 선생님이 바로 보건 선생님일 거야. 그래서 보건실에는 다쳐서 치료를 받아야 하는 아이도 가지만 마음이 아픈 아이도 자주 들러. 보건실은 누워서 쉴 수 있는 침대도 있고 꽤 아늑한 공간이 있지.

보건 선생님도 특별히 좋아하는 아이가 있단다.

바로 밝게 이야기하는 아이란다.

아픈 데 어떻게 밝게 이야기할까 하고 의아하기도 하겠지만 보건실에 오는 아이들 중 큰 상처가 있거나 병이 있다고 판단되는 경우에는 병원으로 보내. 그렇기 때문에 보건실에 있는 아이들은 선생님의 간호로도 좋아질 수 있는 아이들일 거야. 선생님은 아이들을 치료하면서 말을 걸기도 하고 안정을 취하게도 하지. 그럴 때 인사를 잘하고 밝게 웃으며 이야기를 해 보렴. 아마 마음의 병도 조금은 사라질 거고 선생님과도 친해질 수 있을 거야. 물론 선생님이 좋아하지 않는 아이도 있어. 보건 선생님은 아이들을 당연히 치료해 주는 사람이라고 생각하고 고마워하지 않는 예의 없는 아이는 좋아하지 않아.

▶▷ 전담 선생님

음악, 체육, 과학 같은 과목만 전담하는 선생님이지. 담임 선생님과는 다르게 아이들이 편하게 생각해. 그래서 함부로 대하거나 지시를 따르지 않는 아이도 가끔 있는데 그러면 손해야. 수업 시간에 자주 말을 안 들으면 전담 선생님은 담임 선생님께 꼭 알려 주거든. 그리고 전담 선생님이 내년에 여러분의 담임 선생님이 될 수도 있다는 사실을 알아 둬.

어떻게 대하면 되냐고? 인사 잘하기 + 밝게 이야기하기만 잘 지키면 천사 같은 전담 선생님을 만날 수 있을 거야.

>>> 제2장

선생님과 친해지기

아이들은 선생님과 친해지고 싶을 거야. 문제는 아이 스스로 친해지려는 노력을 하느냐 하지 않느냐에 따라서 선생님의 태도도 달라진다는 뜻이지.

선생님과 친해지려는 노력은 아이의 기본적인 생활 습관, 태도와 많은 연관이 있단다.

선생님들은 매년 새로운 아이들을 만나기 때문에 빨리 아이들을 파악하기 위해서 나름대로의 기술을 가지고 있어. 특별한 기술이라기보다는 몇 가지를 파악하는 거지.

인사성이 밝은가?

표정이 밝고 좋은가?

친구들과 잘 어울려 지내는가?

응석을 부리거나 떼쓰지 않는가?

새 학년이 시작되고 3월 한 달을 지내다 보면 대략 아이가 어떤 성향인지 선생님은 눈치 챈단다. 그리고 마음속으로 이렇게 생각하지.

올해는 마음 착한 아이들과 친하게 지내면 좋겠다.

어때? 놀랍지? 선생님도 아이들과 친하게 지내는 걸 누구보다 원하고 바라고 있어. 이런 선생님의 마음을 안다면 선생님과 친해지는 방법을 찾는 건 어렵지 않아.

지금부터 차 쌤과 함께 선생님을 본격적으로 알아보도록 하자.

1 선생님이 좋아하는 아이와 싫어하는 아이

 유경 : 선생님은 주로 어떤 아이를 좋아하나요?

 차 쌤 : 성적보다는 태도가 좋은 아이를 더 좋아해. 태도가 좋으면 공부도 잘할 수 있단다.

 태호 : 그러면 선생님은 주로 어떤 아이를 싫어하나요?

 차 쌤 : 당연히 태도가 좋지 않은 아이를 싫어하겠지.

 태호 : 태도가 가장 중요한 것이군요.

 유경 : 그러면 차 쌤이 말씀하시는 태도가 무엇인지 구체적으로 알려 주세요.

▶▷ 선생님이 좋아하는 아이

인사 잘하는 아이

모든 선생님은 아이의 첫인상을 인사로부터 시작해. 아침에 학교에 와서 처음 선생님을 본다면 반갑게 인사하자. 멀리서부터 뛰어와 인사하는 아이를 보면 선생님은 뿌듯한 행복감이 밀려온단다. 아마도 하루 종일 싱글벙글한 선생님의 얼굴을 볼 수 있을 거야.

시선을 피하지 않는 아이

친구들과는 큰 소리로 이야기하다가도 선생님만 만나면 시선을 피하고 쭈뼛거리지는 않니? 당당하게 선생님을 쳐다보는 아이를 보면 기대를 하게 돼.

시선을 피하지 않는다는 건 나름대로 자신감이 있다는 표현이거든.

'무엇을 해도 열심히 하겠구나.'

선생님은 이렇게 생각하면서 눈여겨본단다.

역할 분담을 잘하는 아이

당번을 한다든지 우유를 가져오는 역할을 할 때, 표가 잘 나지 않고 선생님도 간섭을 안 하는 것 같아 가끔 소홀히 할 때도 있을 거야. 하지만 사실은 절대 그렇지 않아. 역할 분담을 잘하는 아이는 책임감이 강한 아이라고 생각하고 뭐라도 혜택을 주려고 한단다. 돌아가면서 친구들과 함께하는 청소 당번도 마찬가지야. 자기 역할을 다한 후에 다른 아이를 도와주는 습관을 들이면 선생님은 꼭 알고 칭찬해 줄 거야.

청소 잘하는 아이

선생님은, 청소 시간에 따로 검사하지 않아도 청소를 잘하는 아이를 무척 아끼고 좋아해. 적어도 자기 주변 정리를 잘하는 습관을 들여야 해. 특히 휴지통 주변에 떨어진 휴지가 있으면 다른 아이가 버린 거라도 개의치 않고 치우는 습관을 들여 봐. 아마 선생님이 아이의 봉사 정신에 감동할 거야.

친구와 잘 노는 아이

아이들끼리 놀 때도 선생님은 눈여겨본단다. 친구들에게 인기 많은 아이는 선생님에게도 인기가 좋아. 특히 친구들끼리 다툼이 있을 때 말리고 배려해 주는 아이는 선생님도 매우 믿어 주는 아이가 된단다.

▶▷ 선생님이 싫어하는 아이

항상 확인받으려는 아이

"선생님, 해도 되나요?"

"선생님, 언제 해요?"

"이만큼 하면 되나요?"

실수하지 않으려고 계속 물어보는 아이가 있어.

선생님의 설명이나 칠판 혹은 알림장에 쓴 내용을 계속 물어보며 확인하거나 행동 하나하나를 확인받으려는 아이는 선생님을 귀찮게 한단다.

항상 도움만 받으려는 아이

"선생님, 어떻게 해야 해요.", "안 돼요. 모르겠어요." 해 보려고 노력하지 않거나 다른 아이들이 하는 걸 보고 따라 하려고 하지도 않는 아이는 선생님의 기운을 빠지게 하지. 못해도 괜찮지만 끝까지 하려는 모습을 보여야 해.

안 하려는 아이

엄청나게 힘들고 어려운 걸 선생님이 시키진 않아. 경험 많은 선생님이라도 안 하려는 아이를 억지로 시킬 수는 없어. 하기 힘든 일이라면 반드시 선생님께 그 이유를 알려 줘야 오해하지 않아.

떼쓰는 아이

항상 도움만 받으려고 하는 아이나 안 하려고 하는 아이보다 더 심한 것이 떼쓰는 아이야. 억지를 쓰면서 하기 싫다고 하며 토라지는 아이도 있어. 또 막무가내로 해 달라고 조르는 경우도 있어. 선생님과 엄마를 구분하지 못하면 이런 일이 생겨. 자주 떼를 쓰면 선생님은 아이와 이야기하려 하지 않고 부모님을 찾을 거야.

잘 우는 아이

마음에 들지 않는다고 혹은 하기 싫다고 꼭 우는 아이가 있어. 선생님은 엄마가 아니야. 울어도 해결이 안 되는 경우가 많아. 오히려 선생님은 몇 번은 달래다가 결국은 단호하게 혼내는 경우가 더 많아.

거짓말하는 아이

선생님은 아이가 항상 진실을 말할 거라고 믿고 싶어 해. 그래서 속일 거라는 생각은 잘 안 하지. 하지만 거짓말은 언젠가 들통 나게 되어 있어.

'지금 거짓말하는 걸 알았으니 아마 선생님이 몇 번은 더 속았을 거야.'

선생님은 속았다는 사실을 알면 무척 속상해할 거야. 그 뒤로는 거짓말을 하지 않아도 매번 의심받는 아이가 될지도 몰라. 대신 반드시 사과하고 솔직하게 털어놓으면 의외로 큰 벌칙 없이 용서해 줘.

2 선생님과 친해지는 기술

 태호 : 새 학년이 되면 선생님과 친하게 지내고 싶은데 방법이 있나요?

 유경 : 그냥 얌전하게 굴면 되잖아?

 차 쌤 : 얌전한 것도 나쁘진 않지만 의젓한 것이 더 좋지 않을까?

 태호 : 의젓하다는 것이 어떤 건지 느낌이 잘 안 와요.

 차 쌤 : 선생님이 좋아하는 행동을 하고 선생님이 싫어하는 행동을 피하는 것이지. 한마디로 선생님의 마음을 읽으려고 노력하며 말과 행동을 해 보는 거야.

학교에서 친구들과 친하게 지내는 것보다 더 어려운 것이 선생님과 친하게 지내는 거라고 생각할 거야. 하지만 선생님은 아이들과 친하게 지내고 싶어 하니까 아이가 먼저 노력하면 더 빨리 친해질 수 있단다. 다음에 알려 주는 기술은 생각보다 간단하니까 꼭 실천해 보도록 하자.

▶▷ 학교를 오고 갈 때

학교를 오가면서 선생님을 만나면 꼭 반갑게 인사하도록 해. 등교, 하교할 때는 물론이고 1교시 수업 전 학교 안팎 어느 곳에서든지 첫인사는 무척 중요해.

선생님은 하루 첫 시작을 활기차게 열어 준 아침에 인사한 아이의 얼굴을 오래 기억할 거야.

등교 시간이라면 짧은 대화도 나눌 수 있을 거야. 이럴 땐 선생님의 손을 잡아 봐. 의외로 선생님이 굉장히 기뻐할 거야.

▶▷ 선생님과 이야기할 때

선생님과 대화하는 방법을 알려 줄게.

1. "선생님, 드릴 말씀이 있어요." → 예의를 갖추고 시작하면 선생님도 준비를 해.
2. 부탁할 때 최대한 밝은 얼굴로 → 밝은 얼굴로 부탁하면 선생님도 기분 좋게 부탁을 들어줄 거야.
3. 선물을 자주 드리는 건 NO → 아침에 와서 사탕과 초콜릿 같은 작은 선물을 가져와서 선생님을 기쁘게 해 주려는 아이가 있는데 그냥 편하게 와서 이야기하는 게 더 좋아.
4. 선생님도 칭찬 좋아해. → 선생님의 옷, 스타일, 머리 모양 등등 칭찬할 것이 있으면 관심을 가지고 말해 줘. 아마 선생님도 아이의 칭찬거리를 찾아서 마구마구 칭찬해 줄걸?
5. 고맙습니다, 감사합니다. → 항상 이 말을 선생님께 하는 아이는 예의 바른 아이로 기억될 거야.

▶▷ 친구들과 놀 때

선생님은 아이들끼리 놀 때도 관찰을 하거든. 친구들에게 좋은 친구로 인정받는 아이는 선생님께도 인정받을 수 있어.

상담은 YES, 고자질은 NO

아이가 고민거리를 선생님께 이야기하면 상담이고 다른 아이의 일을 선생님께 이르는 일은 고자질이라고 하지. 고민이 있다면 언제든지 선생님께 이야기해야 해.

하지만 친구들 사이에서 있었던 일을 쪼르르 달려와 고자질하는 아이를 선생님은 좋아하지 않아. 친구들한테는 함부로 대하고 선생님한테만 웃는 얼굴로 대하는 것은 아닌지 생각해 봐.

▶▷ 쉬는 시간을 활용할 때

선생님은 쉬는 시간에 다음 시간을 준비하거나 통신문을 나눠 주거나 혹은 다른 일을 할 때가 많아. 평소보다 교탁에 뭔가가 많이 쌓여 있거나 선생님이 바빠 보인다면 이렇게 한번 말씀 드려 봐.

"뭐 도와 드릴 건 없나요?"

선생님이 아이에게 힘든 일을 부탁하지는 않지만 작은 손이라도 도움이 될 일은 많아. 선생님이 진심으로 고마워할 거야.

3 선생님과 친해지는 60가지 행동

수업 시간

1 선생님과 시선을 맞춘다.

2 바르게 앉는다.

3 수업 시작할 때 교과서, 공책, 필기구가 준비되어 있다.

4 졸거나 하품을 하지 않는다.

5 모르는 것이 있으면 선생님께 모른다고 말한다.

6 모르는 단어가 나오면 사전을 먼저 찾는다.

7 선생님이 질문하면 답을 하려고 노력한다.

8 공책 정리를 잘한다.

9 글씨를 예쁘게 쓰지 못하더라도 정성껏 쓰려고 노력한다.

10 수업이 끝난 후 궁금한 것이 있으면 선생님께 질문한다.

11 자투리 시간이 생기면 낱말 찾기나 독서 같은 스스로 공부할 거리가 준비되어 있다.

쉬는 시간

12 쉬는 시간과 수업 시간을 구분하여 사용한다.

13 이전 수업했던 교과서와 공책을 정리한다.

14 다음 수업 시간의 교과서와 공책을 준비한다.

15 쉬는 시간에 화장실을 다녀온다.

16 쉬는 시간에 소리 지르며 뛰어다니지 않는다.

17 출입문을 막는 장난을 하지 않는다.

18 종이 치면 책상 앞에 앉는다.

생활 태도

19 시선을 맞추고 이야기한다.

20 웃는 얼굴로 이야기한다.

21 잘못을 하면 빨리 인정한다.

22 고자질을 하지 않는다.

23 아침 자습 시간에 돌아다니지 않는다.

24 자신의 물건에 반과 이름을 적어 둔다.

25 책상 속 정리가 잘되어 있다.

26 사물함은 평소에 잘 정리되어 있다.

27 공용 물건을 아껴 쓴다.

28 책이나 책상에 낙서하지 않는다.

29 어른들에게 인사를 공손히 잘한다.

30 필통에는 필기구가 항상 잘 정리되어 있다.

31 교실 밖을 나갈 땐 책상과 의자를 정리한다.

32 청소를 깔끔하게 하고 뒷정리를 잘한다.

33 쓰레기를 휴지통에 버리면서 잘 넣었는지 확인한다.

34 주변을 깨끗하게 하고 떨어진 쓰레기를 스스로 줍는다.

35 칭찬을 받으면 좋아하지만 크게 자랑하지 않는다.

36 역할 분담을 미루지 않는다.

37 약속을 지키려고 노력한다.

38 약속을 어기면 변명하지 않는다.

39 급식소에서 밥을 천천히 꼭꼭 씹어 먹는다.

40 급식소에서 밥을 먹은 뒤 식판 정리를 잘한다.

41 평소 잘 먹지 못하는 반찬이 나와도 먹어 보려고 노력
한다.

모둠 활동

42 적극적으로 참여한다.

43 모둠장에 집착하지 않는다.

44 나와 친하지 않은 아이와 모둠을 해도 괜찮다.

45 정해진 역할을 충실하게 한다.

46 학습 순서를 잊어버리면 옆 친구의 모습을 관찰하고 따라 한다.

교우 관계

47 친구에게 칭찬을 잘한다.

48 친구에게 욕설을 하지 않는다.

49 친구의 험담을 하지 않는다.

50 친구가 싫어하는 별명을 부르지 않는다.

51 친구에게 감사의 인사를 할 줄 안다.

52 친구에게 미안한 일이 있으면 사과할 줄 안다.

53 학용품이 부족한 친구에게 남은 것을 빌려 준다.

54 친구가 좋아하고 싫어하는 것이 무엇인지 알고 있다.

55 각종 기념일에 큰 의미를 두지 않는다.

56   학교에서 학원 숙제를 하지 않는다.

57   시험 문제를 다 풀어도 반복해서 확인한다.

58   틀린 문제가 나오면 왜 틀렸는지 찾아본다.

59   친구에게 모르는 문제를 물어본다.

60   모르는 문제를 묻는 친구에게 풀이 방법을 알려 준다.

제3장

선생님을 사용하는 39가지 방법

선생님과 친해지는 법을 배웠으면 이번엔 선생님을 사용하는 방법을 배워야 해. 하지만 명심해야 할 것이 있어.

선생님을 사용한다는 건 너도 선생님이 좋아하는 것을 해야 하고 싫어하는 일은 줄여야 한다는 사실이야.

게임과 비슷하다고 한 건 바로 이 점 때문이지.

네가 선생님에게 맞추면 선생님이 널 위해 좋은 걸 해 줄 수 있어.

반대로 네가 먼저 선생님이 싫어하는 행동을 줄이면 선생님이 널 간섭할 경우도 줄어든다는 것이지.

그러다 보면 너의 좋은 친구이자 천사 같은 선생님을 만나게 되고 교실은 행복해지고 학교생활은 점점 자신감이 생기게 될 거야.

당연히 성적은 올라가게 되지.

선생님을 사용한다고 해서 마구 사용하면 역효과가 날 수도 있어.

선생님을 사용하는 방법을 안다는 건 비밀의 방에 들어가는 열쇠를 가지고 있는 것과 같아.

꼭 필요할 때 적당히 써야 효과가 좋아.

꼭 필요한 순간과 상황이 언제인지 궁금하지?

대마왕이면서 천사인 차 쌤이 하나씩 알려 주도록 할게.

잊지 마!

선생님을 잘 사용하려면 넌 적극적으로 행동해야 한다는 것을……

1 수업 시간에 선생님이 듣기 좋아하는 말 5가지와 듣기 싫어하는 말 5가지

 차 쌤 : 선생님은 수업 시간을 제일 중요하게 생각해.

 유경 : 전 재미있게 수업해 주시는 선생님이 가장 좋아요.

 차 쌤 : 선생님도 아이들과 호흡을 맞춰 재미있고 알찬 수업이 되길 바라지.

 태호 : 하지만 전 수업하다 보면 한 번씩 잔소리를 들어요.

 차 쌤 : 하긴 차 쌤도 그래. 어떨 때는 천사처럼 수업하다가도 어떨 때는 대마왕이 되기도 하지.

 유경 : 선생님은 수업 중에 어떤 아이에게 더 눈길이 가나요? 그리고 반대의 경우는요?

 차 쌤 : 선생님이 수업 시간에 듣기 좋아하는 말과 싫어하는 말에는 어떤 것들이 있는지 알려 줄게.

▶▷ 수업 시간에 선생님이 듣기 좋아하는 말 5가지

1위 : 제가 해 볼게요.

선생님이 가장 듣고 싶어 하는 말이야. 발표나 문제 풀이가 필요할 때 선생님은 누가 먼저 할 건지 눈여겨보고 있단다. 이때 자신 있게 "제가 해 볼게요."라고 이야기해 봐.

2위 : 그만해. 선생님 말씀 좀 들어 보자.

선생님이 수업을 진행하려고 할 때 장난치며 떠드는 아이가 있다면 수업 시작을 안 할 거야. 이때 "그만해. 선생님 말씀 좀 들어 보자."라고 말한다면 선생님이 널 향해 미소를 지을 수도 있어. 물론 교실 분위기와 선생님이 뭘 하고 계시는지를 잘 살펴야겠지.

3위 : 한 번 더 설명해 주세요.(이건 잘 모르겠어요.)

자신이 모르는 것에 대해 질문하거나 "한 번 더 설명해 주세요."라고 말한다면 선생님은 공부를 열심히 하는 아이라고 기특하게 생각할 거야.

4위 : 다른 방법으로 해도 되나요?(다른 방법으로 풀어도 답이 나왔어요.)

수학, 과학, 그리고 다른 과목에서도 선생님이 설명한 방법과는 다른 방법으로 문제를 풀어서 답을 찾을 수 있어. 이때 "다른 방법으로 해도 되나요?"라고 물어봐. 그럼 선생님은 다양한 생각을 해 보는 아이에게 주목할 거야. 문제 풀이가 틀리더라도 말이야.

5위 : 재미있어요.(또 하고 싶어요).

수업을 재미있게 하고 싶은 건 선생님도 마찬가지야. 아이가 "재미있어요."라고 말한다면 선생님 또한 보람을 느낄 거야. 그러니 즐거웠다면 꼭 이야기해 줘. 그러면 언제나 천사표 선생님이 너와 함께할 거야.

▶▷ 수업 시간에 선생님이 듣기 싫어하는 말 5가지

<u>1위: 안 하면 안 돼요.(하기 싫어요).</u>

"안 돼요, 싫어요."라는 말을 반복하는 아이에게는 선생님도 더 이상 권하지 않게 될 거야. 하지만 그 말을 반복하는 아이는 선생님이 하라는 건 안 하고 수업을 방해하다가 대마왕으로 변신한 선생님을 만날 수도 있어.

<u>2위: (생각하거나 해 보지 않고) 그냥요. 왜요?</u>

선생님의 말이 끝나자마자 "왜요?"라고 말한다거나 선생님의 질문에 "그냥요."라고 대답한다면 선생님이 얼마나 기운이 빠지고 답답하겠니? 선생님이 한 말을 잠깐이라도 생각하고 답을 하도록 하자.

<u>3위: 빨리 해 주세요.</u>

선생님이 수업을 준비하는 데는 시간이 필요해. 그런데 아이가 빨리 해 달라고 한다면 선생님은 그 아이가 배려심이 없다고 생각할 수도 있어. 선생님이 뭔가를 준비하면 조금만 기다려 봐. 많이 기다리는 것 같지만 실제로는 1분도 걸리지 않을 거야.

<u>4위: 친구가 물어보라고 했는데요?(친구가 하라고 했는데요.)</u>

"친구가 물어보라고 했는데요?"라는 말을 하는 것보다는 너의 의견을 이야기해 봐. 용기 없어 하는 친구가 한 질문이라면 친구와 같이 와서 물어보도록 해. 너의 생각이 담긴 의견을 직접 말하기를 선생님은 원할 거야.

<u>5위: 재미없어요.</u>

한 시간 수업을 했는데 "재미없어요."라는 말을 듣는다면 선생님은 정말 힘이 빠져 버릴 거야. 수업을 듣다 보면 이미 알고 있는 것을 또 듣게 되기도 하고 어려운 내용이 있을 수도 있어. 하지만 그 모든 것을 재미있다고 생각하면 그것은 재미있는 것이 될 거야. 재미없다는 말은 선생님과 너를 아주 멀어지게 만드는 말이야.

2 수업 중에 중요한 내용이 뭔지 파악할 때

 태호 : 차 쌤, 전 시험만 치면 공부한 시간에 비해서 성적이 안 나와요.

 유경 : 피~, 넌 수업 시간에 별로 공부 안 하던데……

 태호 : 아냐. 난 학원도 다니고 숙제도 잘해 온단 말이야. 그리고 유경이 너한테 물은 것 아니거든~.

 차쌤 : 하하, 태호가 공부 방법에 대해 고민이 생겼다는 건 칭찬해 줄 만하다. 공부 시간이 많고 적은 것이 문제가 아니라 태호는 배운 내용 중 무엇이 중요한지를 파악하지 못했을 수 있어.

 유경 : 선생님이 수업 중에 중요한 걸 이야기하실 땐 뭔가 달라요.

 차쌤 : 맞아. 선생님이 수업할 땐 중요한 내용은 확실히 전달하려고 하거든. 그게 어떤 건지 하나씩 이야기해 볼게. 한 가지 기억해야 할 건 1시간 수업 시간 동안 가장 중요한 내용은 대부분 한두 줄의 문장이란 걸 알아야 해.

1. 교과서와 공책을 준비한다.

가장 간단한 것인데 의외로 준비하지 않는 경우가 있어.

2. 교과서의 차례나 제목을 본다.

의외로 수업할 때 아이들은 차례나 제목을 보지 않고 본문으로 바로 넘어가. 그렇게 되면 전체적인 흐름을 알기 어려워. 차례나 제목을 수업 시간 전에 확인을 하고 시작하면 중요한 내용이 뭔지 짐작할 수 있어.

3. 공부할 문제를 확인한다.

공부할 문제는 문제 풀이를 말하는 것이 아니야. 과목별로 한 시간 동안 수업을 하면서 가장 중요한 것을 하나 혹은 두 개의 문장으로 나타내는 것이지.

즉 수업 시간에 여러 가지 활동을 하는 이유는 바로 공부할 문제를 확실히 익히기 위해서야.

공부할 문제가 그 시간에 배워야 할 가장 중요한 것이라는 것을 안다면 선생님의 설명을 이해하기 쉬워질 거야.

'공부할 문제'의 예) ~에 대해서 알아보자, ~에 대해서 생각해 보자, ~을 해 보자 등

4. 선생님이 두세 번 강조하는 말을 적어 둔다.

중요한 핵심 내용은 한 번 이야기하고 난 뒤 수업 중이나 끝날 때 다시 한 번 더 이야기한단다. 이럴 때 선생님들은 아이들의 시선을 모은 뒤 이야기하는 경우가 많아. "여길 보세요."라고 말할 때는 그것이 중요한 내용이란 것을 눈치채야 해.

5. 정리하기를 눈여겨본다.

수업을 마치면 선생님은 정리하기를 통해 이번 시간에 배운 것을 요약된 문장으로 이야기하거나 써 줄 거야. 이런 건 꼭 공책에 적어 두고 무슨 말인지 이해하도록 하자.

6. 선생님, 이번 시간에 가장 중요한 내용은 뭐예요?

위의 방법을 다 썼는데도 이해가 안 될 때는 마지막으로 선생님께 직접 물어봐야 해.

수업 마치기 약 5~10분 전이 가장 좋을 거야.

정리하기 단계까지 차 쌤의 조언대로 했는데도 핵심을 찾기 어렵다면 넌 할 만큼 한 거야. 당당히 선생님께 도움을 요청해. 아마 선생님은 너의 태도에 대해 매우 흐뭇해하면서 알려 줄 거야.

수업 중에 물어보고 싶다면 공부할 문제를 확인하고 2~3단계로 진행되는 학습 활동이 시작되거나 마칠 때 물어보는 것이 좋아. 수업 중에 묻지 못했다면 쉬는 시간을 이용해. 수업을 마치고 바로 물어보는 것이 좋아.

7. 나중에 하지 뭐, 학원에서 물어봐야지.

이렇게 생각하고 안 하면 금방 배울 수 있는 걸 어렵게 하는 거야. 나중에 할 거라는 아이는 시간이 지나도 안 할 확률이 높아. 그리고 한 번씩 학원 숙제를 하다가 모르는 것을 질문하러 오는 아이들도 있는데 그건 선생님이 별로 안 좋아해.

일반적인
선생님의
수업 단계

1. 전 시간에 배운 내용 확인
― 과목별로 조금 다르지만 보통 전일 혹은 일주일 정도 전에 배운 것도 있기 때문에 아이들이 알고 있는지 아닌지 확인을 해 본다.

2. 동기 유발
― 이번 시간에 배울 내용에 흥미를 보일 수 있는 활동을 한다. 대부분의 선생님들이 이걸 가장 많이 신경 쓴다.

3. 공부할 문제 제시
― 이번 시간에 공부할 핵심 주제를 알려 준다.

4. 학습 활동
― 가장 많은 시간을 차지하며 공부할 문제를 해결하기 위한 활동으로 토론, 실험, 관찰 등의 학습을 한다. 공부할 문제에 따라 학습 활동 1, 2 등의 단계를 나누기도 한다.

5. 학습 정리
― 학습 활동을 통해 배운 내용을 요약해서 정리한다.

6. 형성 평가
― 이 시간에 배운 내용을 알고 있는지 확인하는데 방법은 간단한 질문부터 실습, 쪽지 시험까지 다양하게 이루어진다. 과목이나 시간에 따라서는 하지 않고 넘어가기도 한다.

7. 다음 시간 예고
― 다음 시간에 배워야 할 내용이나 준비물에 대해 간단히 설명하고 마친다.

3 이해가 안 되는 것을 물어보고 싶을 때

 태호 :   차 쌤, 수업 시간에 중요한 게 뭔지 조금은 알 것 같아요. 하지만 수업 시간에 이해가 안 되는 것이 많아요.

 차 쌤 :   이해가 안 되는 건 선생님께 물어봐. 그러기 위해선 약간의 요령이 필요해.

 유경 :   질문하는데도 요령이 필요해요?

 차 쌤 :   당연하지. 선생님들은 좋은 질문을 하는 아이들을 좋아한단다.

 태호 :   이해 안 되는 걸 물어보면서 선생님께 칭찬받을 수 있다는 거죠?

 차 쌤 :   태호가 이해가 빠른데? 그럼 차 쌤이 요령을 알려 줄게.

선생님
질문 있어요~

1. 선생님, 전 전부 이해가 안 돼요.

사실 이러면 선생님은 별로 도와줄 게 없어. 전부 이해가 안 된다면 처음부터 다시 해야 해. 이런 결과가 나오지 않으려면 예습을 하는 게 좋아.

2. 배울 내용을 먼저 읽어 보는 것이 예습이다.

예습은 오늘 배울 내용을 한번 읽어 보는 거야. 읽어 보고 이해가 안 되는 부분을 표시해 뒀다가 수업 시간에 주의해서 듣는 것이지. 그러면 내가 어느 부분을 모르는지 알게 되고 수업에 집중할 수 있단다. 수업을 듣고 난 후에도 모르는 부분이 생길 때는 선생님께 질문을 해야 해.

3. 모르는 부분을 구체적으로 물어본다.

선생님이 어려운 단어를 이야기하거나 설명한 부분이 이해가 안 될 때 구체적으로 물어야 해.

"실험 방법을 다시 한 번 더 설명해 주세요."

"익힘책 6번 문제가 이해가 안 돼요. 설명하면서 풀어 주세요."

"비유의 방법을 다시 한 번 설명해 주세요."

"민주 정치와 독재 정치의 차이점이 헷갈려요."

4. 어디까지 이해하고 어디서부터 이해가 안 되는지 말한다.

단순히 이해가 안 된다고 말하지 말고 내가 이해가 안 되는 부분을 짚어서 질문해 봐.

"풀이 과정을 보면 두 번째 줄까지는 이해되는데 세 번째 줄은 잘 모르겠어요."

"수증기가 어떻게 빗방울이 되는지 이해가 안 돼요."

"전 이렇게 풀었는데 답이 안 나왔어요."

"제가 푼 방법은 선생님이 가르쳐 주신 방법이 아닌데 답이 맞았어요. 이유가 뭘까요?"

5. 선생님과 생각이 다르면 그것에 대해 이야기한다.

선생님도 수업하면서 아이들의 반응을 굉장히 궁금해하니까 이런 질문 자체를 매우 좋아해.

"선생님은 ○○라고 설명하셨지만 전 ☆☆라고 생각하는데요. 제 생각은 어떤가요?"

"선생님이 설명하신 ○○는 ☆☆과 무슨 관계가 있나요?"

이런 질문을 할 줄 안다는 건 매우 공부에 충실하고 호기심이 실력으로 발전하고 있음을 보여 주는 것이지.

6. 이해가 안 되는 건 오늘 해결해야 한다.

　많은 아이들이 놓치고 있는 부분이야. 오늘 이해가 안 되는 걸 놔두면 내일도 이해가 안 되고 내일 배울 내용도 이해가 안 될 거야.

　오늘 배웠을 때 약간 이해가 안 되는 건 질문 한 번만 더하면 단박에 이해될 거야.

　선생님은 자주 질문하는 아이들을 좋아하고 그런 아이들을 보면 보람을 느끼거든.

7. 물어볼 땐 선생님의 눈을 보며 또박또박 이야기한다.

　선생님의 눈을 쳐다보며 또박또박 이야기한다면 선생님도 아이의 노력하는 마음을 알아줄 거야.

4 공부 계획을 세울 때

 태호 : 차 쌤의 조언을 들으니 공부하는 것에 자신이 생기는 것 같아요.

 차 쌤 : 맞아. 공부를 하는 것에 정답은 없지만 합리적인 방법은 있지.

 유경 : 그럼 공부 계획을 세울 땐 어떻게 하는 것이 좋을까요?

1. 공부 시간은 평일 1시간, 주말 2시간을 넘지 마라.

   초등학생이 개인 공부 시간으로 2시간 넘게 할 건 없어. 차 쌤 권장량은 30분에서 1시간이야.

2. 오늘 배운 내용은 오늘 정리한다.

   아주 중요한 거야. 수업 때 들은 내용은 하루가 지나가면 가장 많이 잊어버려. 그래서 그날 복습을 하면 적은 노력으로 큰 효과를 볼 수 있어.

3. 예습은 간단히, 복습은 철저히

예습은 오늘 배워야 할 교과서를 읽어 보고 궁금한 것을 생각하거나 읽은 내용을 책이나 공책에 간단히 적어 보는 것으로 충분해. 대신 복습은 수업 중 자유롭게 적은 공책을 중심으로 다시 한 번 정리하면 훌륭한 복습이 돼.

4. 국어, 수학, 사회, 과학, 영어는 매일, 나머지 과목은 일주일에 한 번 정리하자.

이걸 보니 엄청나게 많이 해야 할 것 같지만 가장 공부를 많이 하는 6학년을 기준으로 해도 하루 6시간 수업에 국어, 수학, 사회, 과학, 영어를 다 공부하진 않아.

그러니 하루에 정리하는 과목은 평균 두 과목 정도 될 거야. 나머지 과목은 주말에 한 번 정도 정리하다 보면 주말 2시간만으로도 충분히 정리할 수 있어.

어때? 알고 보니 공부 계획을 짜는 게 그리 어렵지 않지? 대신 미루지 말고 그날그날 조금씩 정리해야 한다는 것을 잊지 마.

▶▷ 공부 계획을 세울 때 선생님 사용법

<u>1학기 초나 2학기 초에 상담한다.</u>

학기 초는 선생님들이 아이들의 태도나 학습 방법에 대해 매우 주의 깊게 관찰하는 시기야. 선생님은 아이에게 꼭 필요한 학습법을 알고 있을 거야.

쉬는 시간에 미리 약속을 정하고 방과 후에 선생님께 이렇게 말해 봐.

"선생님, 공부를 잘하고 싶어요. 그래서 선생님께 공부하는 방법을 상담하고 싶어요."

공부 계획에 관한 간단한 그림을 그린다.

무턱대고 선생님께 상담하자고 하는 것이 엄두가 안 날 때는 대략적인 공부 계획을 도화지나 공책에 미리 적거나 그려서 상담에 활용해.

"제가 미리 공부 계획을 적어(그려) 왔어요."

선생님은 그걸 보시고 불필요한 것은 지우고 필요한 것은 적어 줄 거야.

중간에 확인을 한다.

확인을 위해 방과 후에 남을 필요는 없어. 일주일에 한 번 간격으로 쉬는 시간에 자연스럽게 선생님께 공부 계획에 따른 행동이 잘되고 있는지 물어보는 거야.

"선생님, 요즘 저의 학습 태도는 어떤가요?"

어때? 어렵지 않지? 선생님은 스스로 공부 계획을 세우려는 아이를 최대한 도와주려고 할 거야.

‖‖‖ 공부 계획과 실천에 대한 차 쌤의 조언 ‖‖‖

공부 계획을 너무 많이 세워서 하루에 해내기 벅차다면 학원을 줄여서라도 학교 공부 계획을 먼저 해야 한다.

공부 계획을 세워서 공부한다고 해도 1학기나 1년 동안 성적의 향상이 없거나 더딜 수 있다. 하지만 포기하지 마라. 반드시 효과가 있다.

5 글씨를 잘 쓰고 싶을 때

유경: 차 쌤? 글씨를 못 쓰면 어떤 점이 불편해요?

차 쌤: 못 쓴 글씨를 읽는 것은 힘들어. 그래서 글짓기를 하거나 시험을 칠 때 불이익을 당할 수 있지.

태호: 글씨를 잘 쓰는 비결이 있나요?

차 쌤: 글씨를 잘 쓰는 데 큰 비결은 없어. 차분히 연습을 많이 하는 수밖에……

유경: 글씨를 잘 쓰기 위해서는 어떻게 해야 하나요?

차 쌤: 최대한 또박또박 쓰려고 노력하는 것에 목표를 둬야 해.

태호: 그럼 차 쌤도 글씨를 잘 쓰시겠네요.

차 쌤: 나도 글씨는 못 써. 하지만 글씨를 잘 쓰는 방법과 글씨를 잘 쓰고 싶을 때 어떻게 선생님을 활용할 수 있는지 알려 줄게.

저학년 때는 수업 시간에 글씨를 바르게 쓰는 연습을 하지만 고학년이 되면 줄 공책으로 바뀌고 글씨 쓰기보다 공부할 내용 자체가 많아지기 때문에 선생님이 일일이 수업 시간에 글씨 쓰기를 지도해 주기 힘들어. 하지만 아이가 글씨를 잘 쓰는 방법을 알고 있으면 선생님이 도와줄 수 있단다.

▶▷ 글씨를 잘 쓰는 방법

1. 또박또박 쓴다.
글씨의 기준을 이 정도로 생각해 보자. 글씨를 잘 쓰면 좋겠지만 예쁘게 쓸 수 없다면 또박또박 쓰는 버릇을 들여 봐.

2. 가상의 사각형을 생각하며 글씨의 위아래 좌우의 균형을 맞춘다.
글씨도 위아래, 좌우의 균형이 맞아야 예쁘게 쓸 수 있어. 1학년 때 칸 공책에 글씨를 쓴 이유는 바로 이거야. 최대한 글자들의 크기를 맞춘다는 느낌으로 쓰도록 해.

3. 바른 자세는 바른 글씨의 기본
의자에 반듯한 자세로 바르게 앉는 게 먼저야. 반듯하지 않은 자세는 선생님이 금방 찾아낼 수 있어. 선생님께 글씨 쓰는 자세를 봐 달라고 하면 수업 중이라도 틈틈이 알려 줄 거야.

4. 글씨를 잘 쓸 때까지 연필은 필수
샤프나 볼펜 같은 필기구는 글씨가 좋아질 때까지는 가급적 쓰지 마. 대신 연필을 사용하고 연필 잡는 자세가 나쁜 경우에는 부끄럽게 생각하지 말고 연필 바로 잡는 보조 기구를 사용하도록 해.

5. 잘 쓸 때까지 꾸준한 연습도 필수

최소한 글씨를 잘 쓰는 데는 매일 30분 이상의 연습을 꾸준히 해야 효과를 볼 수 있어. 바른 글쓰기는 그만큼 투자할 가치가 있으니 아깝다고 생각하지 말고 도전해 봐.

▶▷ 글씨를 잘 쓰고 싶을 때 선생님 사용법

또박또박 쓰는 것이 목표야. 개인적으로 선생님께 상담을 요청하면 방과 후에 선생님이 시간을 내주고 들어줄 거야.

공책에 적은 글씨를 직접 보여 주고 어디를 고쳐야 할지 물어본다.

"선생님, 글씨를 잘 쓰기 위해 제가 고쳐야 할 것을 한 가지만 지적해 주세요."

아마 선생님은 직접 글씨를 써 보라고 할지 몰라. 그러면 어디가 틀렸는지 자세부터 방법까지 한 번에 찾아낼 거야.

연습 방법과 시간은 선생님의 안내에 따른다.

선생님께 10분 정도 지도받고 개인 연습은 하루에 30분 정도 하면 될 거야. 특별한 경우 선생님이 아이만을 위한 특별한 방법과 시간을 정해 줄 수도 있는데 이건 아이의 개인적 특성을 고려한 것이기 때문에 반드시 따라야 해.

시작은 아이가 하고 끝나는 때는 선생님이 알려 준다.

"이젠 혼자 해도 되겠다."는 말을 선생님이 하면 더 이상 지도받지 않아도 돼. 아마도 또박또박 글을 쓰는 솜씨를 얻을 것이고 성실하게 노력하는 아이라는 선생님의 평가도 덤으로 얻을 수 있지.

6 숙제를 할 때

 태호 : 아! 숙제 없는 학교에서 살고 싶어라. 숙제 안 하면 안 되나?

 유경 : 태호 너 오늘도 숙제 안 해서 선생님께 혼났지?

 차쌤 : 선생님이 내 준 숙제는 오늘 공부한 것을 다시 살펴보고 부족한 부분을 채워 넣으라고 하는 복습의 개념이야. 대신 효과적으로 숙제하는 방법을 알려 줄게.

1. 숙제가 있으면 알림장에 기록한다.

　알림장은 학교에서 부모님께 알려야 할 사항을 적는 데 쓰지만 숙제에 대해 적어도 돼. 숙제를 잊어버리고 안 하는 아이도 제법 되거든.

2. 빨리 해야 한다.

　숙제는 말 그대로 복습이야. 너무 잘하려고 하면 힘들고 지쳐서 오히려 공부가 안 돼. 미루지 말고 빨리하는 것이 좋아. 그렇지 않으면 놀아도 숙제 때문에 걱정만 늘어날 뿐이야.

3. 많이 하는 것보다 핵심만 정확하게 하라.

　선생님이 내 준 것보다 많이 해 온다고 해서 좋은 건 아니야. 많이 하려고 하면 꾸준히 하기 힘들어.

4. 풀이 과정을 생략하지 마라.

　수학 익힘책을 풀 때 답만 적어 오면 선생님은 공부를 안 했다고 생각해. 풀이 과정이나 식을 함께 적어 둬. 만약 답만 적었다면 풀이에 사용했던 공책도 함께 보여 드려. 그러면 아이에 대한 믿음이 커질 거야.

▶▷ 숙제를 할 때 선생님 사용법

숙제하는 방법을 모를 때

수업 시간에 한눈을 팔았을 경우 숙제에 대해 듣지 못했을 수 있어. 이럴 땐 먼저 친구들에게 물어보고 그래도 이해가 안 되면 꼭 선생님께 물어봐야 해. 집에 돌아가기 전에는 해결해야 된다는 걸 명심해.

숙제를 잊어버렸을 때

알림장에 적어 놓지도 않고 기억도 안 나는 경우는 학급 홈페이지에 있는 알림장을 살펴봐. 고학년이라 알림장을 따로 안 쓰는 경우에는 전화나 문자로 선생님께 물어볼 수 있어. 단, 예의를 갖추고 물어봐야 한다는 사실을 잊지 마.

[33. 선생님께 연락(전화, 편지)할 때(147쪽)]를 참고해.

숙제를 안 해왔을 때

숙제를 안 해왔을 땐 그 이유를 말해야 해.

"몸이 아팠어요.", "제사가 있었어요.", "가족 모임이 있었어요."와 같은 이유라면 별로 문제 삼지 않을 거야.

단 잊어버리고 안 했을 때는 사실대로 말해야 해. "잊어버려 죄송합니다. 다음부터는 열심히 하겠습니다."

최악의 대답은 이거야. "숙제였어요? 몰랐어요."

어제 못 한 숙제는 아침 자습 시간에라도 해라.

숙제를 잊어버리고 안 했을 땐 아침 자습 시간에라도 얼른 해. 안 하는 것보다 나아. 숙제를 못 해 걱정하는 아이가 있으면 빌려 줘도 괜찮아. 아마 선생님도 못 본 척할 거야.

7 발표를 할 때

 유경 : 차 쌤, 1, 2학년 때는 발표를 잘했는데 학년이 올라가니 발표하는 것이 좀 쑥스러워요.

 태호 : 전 발표를 하려고 해도 뭘 해야 할지 몰라서 잘 못하겠어요.

 차 쌤 : 공부를 잘하고 싶은 만큼 수업 시간에 발표도 잘하고 싶을 거야. 선생님은 아이의 발표가 필요하고 발표를 잘하는 아이를 무척 좋아한단다.

1. 선생님은 왜 아이들의 발표가 필요할까?

수업을 하다 보면 1시간 내내 선생님 혼자 진행하긴 힘들어. 좋은 수업은 아이들의 활동이 많아야 해. 그래서 아이들의 활발한 발표가 꼭 필요하지. 그러니 발표할 때 두려워하지 말고 용기를 내는 것이 더 중요해.

2. 발표 자체가 용기 있는 행위다.

남들 앞에서 이야기를 한다는 건 무척 어렵고 용기 있는 행동이야. 대신 발표하다 혼나는 아이는 없다는 사실을 명심해.

3. 좋은 발표를 위해선 잘 듣는 게 먼저야.

선생님이 무슨 말을 하는지 잘 들어야 질문이나 상황에 맞는 답을 할 수 있어. 제대로 듣지 않고 손부터 들면 엉뚱한 발표를 할 수도 있어.

4. 틀려도 상관없어. 대신 목소리는 또렷하게 해.

틀릴까 봐 걱정하면 목소리가 작아져. 선생님은 발표한 아이가 틀린 발표를 해도 바로잡아 줘. 대신 목소리를 또렷하게 하고 "저는 ○○라고 생각합니다." 와 같이 문장이 이뤄지게 발표해야 해.

5. 발표할 때는 자세도 신경 쓰자.

"누가 한번 말해 보겠니?"

선생님은 이렇게 말하고 주위를 살펴볼 거야. 그때부터 용기 있는 아이, 똑똑한 아이, 별 생각 없이 말하는 아이를 한꺼번에 살피지.

바른 자세로 손을 들고, 발표 기회를 잡으면 의자를 밀어 넣고 발표하는 아이는 발표한 내용이 틀리거나 달라도 선생님이 바르게 수정해 줄 거야.

6. 남들이 안 할 때 발표하자.

"여러분의 생각은 어떤가요?", "보고 난 느낌이 어때요?"와 같은 질문은 정답이 없어. 정답이 없기 때문에 오히려 아이들이 발표를 잘 안 해서 선생님은 수업하기 힘들다고 생각할 거야. 하지만 이건 기회야. 아무도 발표를 안 할 땐 좀 더 용기 내어 보자. 선생님은 다양한 생각을 듣고 싶어 하기 때문에 아마 마음속으로 그 아이를 고마워할 거야.

▶▷ 발표를 할 때 선생님 사용법

발표 후 칭찬을 많이 할 때

발표의 내용이 아주 정확하거나 예상하지 못한 기발한 발표였을 땐 많은 칭찬을 받아.

하지만 간단한 발표인데 유독 많은 칭찬을 해 준다면 그 아이는 평소에 내성적인 경우가 많아서 선생님이 특별 대우를 해 주는 거니까 샘내지 마.

발표 후 선생님이 바로 질문을 할 때

"왜 그렇게 생각해?", "그 방법 말고 다른 건 없어?"

만약 선생님이 발표 후 이렇게 물어본다면 발표한 아이가 얼마만큼 알고 있는지 테스트하는 거야. 생각나는 대로 답변하는 게 가장 좋아. 더 생각나지 않는다면 솔직하게 모른다고 해도 괜찮아.

또 다른 의견은 없나요?

아이가 발표 후 이렇게 이야기한다면 세 가지 중 하나야. 가장 중요한 정답이 아니거나, 여러 가지 정답 중에 하나이거나, 아예 정답이 아닌 경우지. 만약 선생님이 칠판에 아이 의견을 쓴다면 그건 정답이야.

생각을 더 해 보고 정리되면 다시 해 줘.

선생님이 이렇게 말한다면 아이가 너무 많은 것을 발표하려고 했든지, 아니면 엉뚱한 것을 발표했을 경우야. 선생님은 발표한 아이를 나무라는 것이 아니라 기회를 다시 준 것이니까 당황하거나 오해해서는 안 돼.

8 공부하기 싫을 때

 태호 : 슬럼프가 왔나 봐. 요즘 공부하기가 싫어.

 유경 : 태호 넌 언제나 공부하기 싫어했잖아?

 태호 : 이번엔 그 정도가 아니라니까. 학교 가는 것도 재미없고…….

 유경 : 어라, 큰일이네. 차 쌤! 공부하기 싫을 땐 어떻게 해야 하나요?

1. 왜 공부하기 싫을까?

먼저 공부가 하기 싫은 이유를 알아야 해. 그런데 공부가 하기 싫은 이유는 딱히 정해진 것이 없어. 그냥 하기 싫을 때가 있지. 사실 학교에 와서 공부하는 것이 항상 재미있고 신 나는 것만은 아니잖아?

이런 경우에는 차 쌤의 조언도 간단해. 그냥 쉬어.

2. 그냥 쉬어도 되나? 당연하지.

공부하기 싫다는 건 뭔가 많이 한다는 뜻이야. 그래서 몸이 먼저 느끼는 거야.

이럴 땐 오히려 솔직해지는 게 좋아.

공부하기 싫을 때 쉬라고 하면 오히려 아이는 불안해하는 경우가 있어. 이럴 때 공부하던 방법과 습관에 대해서 돌아볼 수 있는 좋은 기회야.

공부가 다시 하고 싶어질 때까지 푹 쉬어야 해.

▶▷ 공부하기 싫을 때 선생님 사용법

사실대로 말한다.

갑자기 "선생님, 공부하기 싫어요."라고 말하면 오해를 살 수 있어. 이때는 선생님께 상담을 요청해서 "요즘 공부하기 싫어졌어요."라고 이야기하면 돼. 상담을 요청할 정도라면 선생님도 아이의 뜻을 존중해 주고 해결할 방법을 같이 찾아봐 줄 거야.

수업 시간에 태도가 어떤지 알려 달라고 한다.

공부를 하기 싫어하는 아이는 수업 시간 태도도 안 좋기 때문에 선생님은 태도 이야기를 제일 하고 싶어 해. 그런데 이걸 스스로 물어본다면 꾸짖는 대신 달래 가면서 이야기해 줄 거야. 그리고 속으로 매우 기특하게 생각하지.

공부의 방법과 습관을 되돌아본다.

선생님은 공부하기 싫다는 아이가 있으면 혹시 잘못 가르쳐서 그런가 걱정하기도 해. 그러니까 "선생님 때문은 아니에요."라고 미리 이야기하는 게 좋아.

그러면 선생님은 평소 아이의 공부하는 방법과 습관에 대해 상담할 거야. 특히 공부하는 장소와 시간에 대해 물어볼 거야. 분명히 그 아이는 공부하는 시간이나 분량이 많을 거야. 선행 학습을 하는 경우는 더욱더 심하게 공부에 싫증이 나게 되어 있어.

다른 공부 방법을 찾아본다.

꼭 국어, 수학, 영어만 공부라는 생각을 하지 마. 음악, 미술, 체육 같은 과목과 사회, 실과 같은 과목도 좋은 공부야. 어느 것이라도 해 보고 싶은 것을 먼저 할 수 있도록 선생님이 관찰해 온 것을 알려 달라고 해.

낙서를 좋아한다면 도화지에 그림을 그려 볼 수 있고, 활동력이 좋다면 아침에 운동장에서 달리기나 줄넘기를 해 보는 식이지.

자신의 고민을 부모님께 대신 전해 드리도록 한다.

공부에 대한 고민은 부모님과 이야기하면 해결이 어려울 수 있어. 대신 선생님이 아이의 공부 고민을 듣고 나서 부모님께 이 사실을 알릴 수 있어. 걱정하지 마. 선생님은 아이의 편이 되어서 부모님께 이야기할 거니까.

▥ 공부하기 싫을 때 차 쌤의 조언 ▥

공부하기 싫은 이유는 여러 가지가 있지만 학교에서 피곤한 모습을 많이 보이거나 수업 시간에 산만하여 자주 지적을 당하는 상황이 오면 아이의 공부 방법이나 태도에 대해 점검해야 할 시기가 온 거야.

공부하기 싫은 가장 큰 이유는 스스로 하는 공부가 아닌 시켜서 하는 공부를 많이 해서야.

특히 고학년이 될수록 학교 수업을 충실히 해야 스스로 공부하는 습관을 기를 수 있어. 이런 경우는 원하지 않는 학원이나 다른 활동을 줄여서 학교 공부에 집중하는 것을 목표로 해.

9 수업 중에 딴짓하여 선생님께 지적받을 때

 태호: 오늘 선생님께 혼났어.

 유경: 왜?

 태호: 수업 시간에 딴짓한다고 뭐라고 하시더라고.

 유경: 기분 나빴겠구나. 그런데 너 요즘 많이 혼나는 것 같더라.

 태호: 그러게 말이야. 근데 선생님이 딴짓한다고 혼낼 땐 어떻게 해야 하지?

 유경: 차 쌤한테 물어보자. 차 쌤~.

　수업 시간에 열심히 공부하고 있는 다른 아이들과 달리 딴생각을 하고 있거나 다른 사람에게 장난을 치려고 하거나 돌아다니는 아이가 있다면 선생님은 그때부터 그 아이에게 집중해.

　대신 아이가 눈치채지 못하게 몰래 하지.

　선생님은 아이들이 딴짓을 하는 걸 보아도 처음부터 지적하지 않아.

　지금부터 태호와 차 쌤의 가상 대화를 잘 보면서 태호와 차 쌤의 속마음을 살펴보자.

　태호는 수업 시간에 멍하게 딴 생각을 하다가 수업하고 있는 차 쌤의 눈에 띄었어.

　태호의 속마음과 선생님의 속마음을 단계별로 비교해서 알려 줄게.

1단계 : 주의 주기

 차 쌤 : 태호야, 뭐하니? 속마음 >> 쌤은 지금 태호가 뭐하는지 몰라서 묻는 게 아냐.

 태호 : 아무것도 아니에요. 속마음 >> 아직 쌤이 눈치 못 챘겠지?

주의를 받으면 대부분의 아이들은 다시 수업에 집중하지만 태호는 계속 딴 곳을 보고 있다.

2단계 : 경고하기

 차 쌤 : 태호야, 그만하고 수업에 집중해. 속마음 >> 뭘 잘못했는지 말하지는 않을게. 대신 수업에 집중해 줄래?

 태호 : 전 아무 짓도 안 했어요. 속마음 >> 친구들도 보는데 너무 하신 거 아닌가요?

3단계 : 딴짓에 대해 직접 지적하기

 차 쌤 : 태호야, 너 나와라. 속마음 >> 지금 쌤한테 반항하는 거구나. 선생님 지금 화났으니까 죄송하다고 해라.

 태호 : (인상을 찌푸리며) 왜요? 속마음 >> 나도 쌤 때문에 기분 나빠요.

 차 쌤 : 넌 지금 수업에 집중하지 않고 딴 곳을 쳐다보고 있었잖아. 그래서 지적한 거야. 선생님의 지적이 잘못되었니? 속마음 >> 쌤은 지금 정당한 걸 지적한 거야. 마지막 기회다. 잘못했다고 해라.

 태호 : (침묵 혹은 인상 찌푸리며) 속마음 >> 저 기분 엄청 나빠요. 쌤이랑 이야

기하기 싫어요.

차 쌤 : 태호는 선생님의 지시를 따르지 않는구나. 벌을 받거나 부모님께 알려야겠어. 속마음 >> 태호 넌 쌤이 준 기회를 다 놓쳤어.

태호와 차 쌤의 대화가 이 정도까지 온다면 차 쌤은 부모님께 "댁의 자녀의 행동이 산만합니다."라고 말할 수도 있어.

속마음 >> 차 쌤이 이렇게 부모님께 말한다면 아마도 태호가 수업 시간에 딴짓한다는 것을 돌려서 말하고 있는 걸 거야.

▶▷ 수업 중에 딴짓하여 지적받을 때 선생님 사용법

1단계: 주의 주기 단계에서 멈춰라.
다시 한 번 태호와 차 쌤의 가상 대화를 듣고 답을 찾아보자.

차 쌤 : 태호야, 뭐하니? 속마음 >> 쌤은 지금 태호가 뭐하는지 몰라서 묻는 게 아냐.

태호 : (선생님과 시선을 맞추며) 뭘 할지 잊어버렸어요. 뭘 하면 되나요?

선생님과 시선을 맞추고 변명하는 건 괜찮아. 이건 별로 혼날 일이 아니니까. 이럴 땐 다른 아이들이 뭘 하나 잘 보고 학습을 따라 하는 것이 가장 좋아.

2단계: 경고하기 단계에서는 선생님께 사과하고 수업에 집중해라.

차 쌤 : 태호야, 그만하고 수업에 집중해. 속마음 >> 뭘 잘못했는지 말하지는

않을게. 대신 수업에 집중해 줄래?

 태호: 죄송합니다.

시선은 꼭 선생님을 향해야 해. 그리고 죄송하단 한마디면 더 이상 혼내지 않고 할 것을 알려 줄 거야.

3단계: 직접 지적당한다면 시선을 맞추고 자세를 바르게 하고 솔직하게 반성해라.

 차 쌤: 태호야, 너 나와라. 속마음 >> 지금 쌤한테 반항하는 거구나. 선생님 지금 화났으니까 죄송하다고 해라.

 태호: (시선 맞추고 자세 바로 하며) 죄송합니다. 제가 딴생각을 좀 했어요.

선생님도 화가 났기 때문에 태도를 바르게 하고 솔직하게 변명도 해야 해. 여기까지가 용서를 구할 수 있는 마지막 기회야.

수업 시간에 지적당했다면 변명은 NO
선생님의 잔소리가 터지기 시작하면 아이는 항상 손해를 봐.
선생님은 아이의 행동을 기록해 두거나 상담할 때 부모님께 이야기해 버려.
선생님은 보통 증거를 가지고 이야기하기 때문에 함부로 발뺌하다가는 폭풍 잔소리를 들을 거야.
단, 무엇을 잘못한 건지 잘 모를 때는 선생님께 솔직히 물어봐.
대신 쉬는 시간에 해야 해. 그래야 선생님이 잘 받아 줄 거야.
"죄송하지만 제가 잘못한 것이 무엇인지 알려 주세요."
이렇게 말한다면 선생님은 마음이 누그러져서 차분히 설명해 주거나 할 일을 알려 줄 거야.

대신 시선은 선생님의 눈을 향하고 태도는 공손하게 하는 걸 잊지 마.

‖‖‖ 선생님께 지적받을 때 태도에 대한 차 쌤의 조언 ‖‖‖

선생님을 대하는 표정과 태도에 유의해야 해. 일단 선생님이 지적하는 것이므로 받아들이는 것이 중요하단다. 선생님께 지적당했다고 아이들이 비웃진 않아. 그리고 정당하지 않은 변명을 늘어놓는다면 역효과가 일어나.

하지만 몇 번 생각해도 선생님의 지적이 억울하다면 쉬는 시간에 개인적으로 말씀 드리는 것이 효과적일 거야.

10 시험을 망쳐서 속상하고 부끄러울 때

 유경 : 어떻게 해. 이번 시험은 망쳤어.

 태호 : 어쩌냐? 안됐다. 하지만 이 몸은 시험을 잘 봤다는 사실. 후후~.

 유경 : 놀리니? 난 지금 몹시 우울하단 말이야.

 차 쌤 : 유경이가 시험을 망쳐서 기분이 안 좋은가 보구나. 괜찮아. 다음에 잘하면 되잖아?

 태호 : 전 시험 잘 봐서 좋아요. 차 쌤.

 차 쌤 : 얼마나 잘 봤길래?

 태호 : (진지하게) 처음으로 맞은 숫자가 틀린 숫자보다 많아요.

 차 쌤, 유경 : 헉, 졌다.

태호처럼 시험에 대해 큰 걱정이나 고민이 없는 아이가 아니라면 대부분 시험 점수가 나쁘면 속상할 수 있어. 하지만 시험 점수에 대해 선생님이 어떻게 생각하는지부터 알아야 지나치게 속상해하지 않을 수 있어.

1. 70점 이상이면 괜찮다.

100점을 받으면 기분 좋겠지만 70점에서 100점까지는 비슷한 가능성을 가진 아이라고 보기 때문에 최소 70점을 넘긴다는 계획으로 시험 준비를 해. 보통 학교에서는 60점 이하를 부진 학생으로 보기 때문에 70점을 받아도 못한 것이 아냐.

2. 시험 준비 과정이 더 중요하다.

시험은 배운 내용을 점검하는 거야. 그래서 준비를 열심히 했는지를 더 중요하게 생각해야 해.

수업은 열심히 참여했는가?

공책 정리는 잘했는가?

예습 복습은 꾸준히 했는가?

정해진 시간에 스스로 공부했는가?

이런 기준으로 시험 준비 과정을 평가해 보는 것이 필요해.

3. 시험은 과정이다. 지나치게 속상해할 필요 없다.

시험도 공부의 과정이야. 지나치게 속상해하면 다음 시험을 준비하는 데 방해가 될 뿐이야. 한 번 실수하고 실패한 것일 뿐 그 이상도 그 이하도 아니야.

4. 다른 아이와 비교하지 마라.

다른 아이와 비교하는 걸 제일 싫어하면서도 시험을 치고 나면 스스로 다른 아이와 비교해 가며 힘들어하는 아이는 다음 시험을 잘 보기 어려워.

의외로 이런 아이들은 공부 시간보다 다른 아이들과 비교하느라 시간을 낭비하는 경우가 많아.

▶▷ 시험을 망쳤을 때 선생님 사용법

시험은 선생님이 가장 잘 조언해 줄 수 있는 분야란 사실을 잊지 마.

<u>60점 이상일 때 : 솔직하게 조언을 구하자.</u>
과목별로 70점 이상 받으면 일단 선생님은 아이의 시험 결과에 대해 조언하지 않을 거야.

60점 이상이면 통과는 했기 때문에 원하지 않으면 조언도 하지 않지.

공부했던 것보다 점수가 예상보다 적게 나왔다면 선생님의 조언을 구하도록 해. 이런 아이는 대부분 공부 시간 자체가 적은 것이 아니라 쓸데없는 공부를 많이 하는 경우가 많아. 시험 전에 공부를 위해 준비했던 자료를 들고 가면 훨씬 더 자세하고 상세한 조언을 들을 수 있어.

<u>60점 이하일 때 : 선택권을 선생님께 맡겨라.</u>
선택하기 힘들겠지만 어쩔 수가 없어. 과목별로 60점 이하가 나오면 기록해서 교장 선생님께 보고하게 되어 있기 때문에 담임 선생님은 반드시 나머지 공부를 시켜야 할 의무가 생기지. 나머지 공부를 하기 싫어하면 억지로 시킬 수는 없어. 하지만 60점만 넘기면 되기 때문에 의외로 선생님의 도움을 조금만 받으면 성적이 올라가.

11 나머지 공부를 해야 할 때

 태호: 헉! 큰일이야. 오늘 선생님이 나보고 남아서 나머지 공부를 하라고
하셨어.

 유경: 태호 넌 이번에 시험 잘 쳤다고 좋아하더니.

 차쌤: 시험을 쳐서 과목별로 60점 이하가 나오면 선생님이 나머지 공부
이야기를 할 수도 있어.

아이가 싫어하는 것 중 하나가 수업 마치고 남는 것이고 제일 싫어하는 것은
아마 나머지 공부일 거야. 숙제를 안 했거나 수업 시간에 열심히 하지 않고 게
으름을 피워 하지 못한 것을 하기 위해 나머지 공부를 하는 경우도 있어. 하지만
시험 성적이 60점 이하인 교과 학습이 부진한 경우를 주로 이야기해 볼게.

1. 나머지 공부를 싫어하는 진짜 이유는 뭘까?

공부 못하는 아이라고 놀림받지 않을까 하는 두려움이 제일 커. 이건 아이뿐
아니라 아이의 부모님도 마찬가지야. 하지만 놀림받을까 두려워 정작 간단한 나

머지 공부로 자신감을 찾을 방법을 스스로 포기한다면 그것이 더 두려운 일일 거야.

2. 나머지 공부는 얼마나 하나?

선생님마다 조금씩 다르지만 일주일에 2~3회 정도 하고 한 번 할 때 1시간을 넘지 않아.

아이가 선생님을 믿고 의욕적으로 할 경우에는 한 달 정도면 충분해.

3. 어느 수준까지 공부해야 하나?

다음 시험에서 과목별로 60점을 넘는 것이 작은 목표지만 더 중요한 목표는 수업 시간에 선생님께 집중하고 스스로 공부할 수 있는 기초를 닦는 일이지. 판단은 선생님이 할 거야.

▶▷ 나머지 공부를 해야 할 때 선생님 사용법

부끄럽지만 받아들인다.

나머지 공부를 해야 한다는 선생님의 말씀을 들으면 누구나 다 실망하고 부끄러워해. 하지만 현실을 받아들여야 극복할 수 있어.

선생님을 믿어야 효과가 좋다.

"선생님, 열심히 할게요. 도와주세요."

나머지 공부를 해야 하는 아이가 이런 말을 한다면 선생님은 감동할 거야.

아마 선생님은 나머지 공부를 하는 아이에게 남다른 애정과 관심을 가지고 지도해 줄 거야.

나머지 공부의 방법은 조절 가능하다.

남아서 공부할 수 없는 상황이라면 쉬는 시간, 점심시간을 이용해도 돼.

그것도 어렵다면 개별 과제 학습으로 대체하기도 해.

하지만 단순히 남아서 공부하는 것을 부끄러워한다면 효과는 별로 없어.

공부에 대한 깊이 있는 상담을 받아 보자.

나머지 공부를 해야 하는 아이는 수업 태도나 생활 태도가 모두 안 좋은 경우가 많아.

그래서 단순히 문제 풀이만 오래한다고 해서 성적이 잘 오르지 않지.

나머지 공부 시간은 일대일로 공부에 대한 조언을 들을 수 있는 좋은 기회야.

"선생님, 제가 고쳐야 할 부족한 점이 무엇인가요?"

아이가 이런 질문을 한다면 선생님은 아마 깜짝 놀라면서 아이를 다시 보게 될 거야. 이후에는 어느 학원에서도 들을 수 없는 공부의 방법뿐만 아니라 습관, 생활 태도에 대한 맞춤식 조언을 들을 수 있어.

||||| 나머지 공부에 대한 차 쌤의 조언 |||||

나머지 공부를 한다고 해서 공부에 실패한 것은 아냐! 부끄럽다고 하지 않으면 나중에 더 큰 실패를 할 수도 있어. 선생님은 이런 아이들을 도와줄 수 있는 가장 유능하고 능력 있는 전문가야. 선생님을 믿고 선생님을 적극 활용해.

12 심부름할 때

 차 쌤 : 유경아, 이 물건을 학습 준비물실로 가져다줄래?

 유경 : 선생님은 왜 저만 시켜요.

 태호 : 선생님, 그런 건 제가 금방 할 수 있습니다. 절 시키세요.

선생님이 시키는 심부름은 보통 물건을 옮기는 것, 숫자를 세거나 종이를 분류하는 것, 다른 아이를 부르는 것 등 단순한 일이야.

1. 심부름하는 아이 ─ 아싸, 신 난다! VS 뭐 또 나보고 하라고?

심부름을 하는 아이의 표정을 보면 어떤 마음을 가지고 있는지 표가 나. 신나게 하려고 하는 아이는 선생님도 좋아해.

2. 심부름 시키는 선생님 ─ 누굴 시켜야 실수 없이 할까?

심부름은 복잡하고 어려운건 안 시킨다고 했지? 하지만 엉뚱하게 심부름을

하면 선생님이 무척 곤란해진단다. 그래서 신중하고 침착하며 성실한 아이를 시키려고 하지. 하지만 아이가 짜증을 내며 하기 싫어하면 더 이상 시키지 않아.

3. 심부름하면 귀찮지 않을까?

심부름은 선생님과 친해질 수 있는 좋은 기회야. 별다른 조건 없이 선생님의 부탁을 들어주고 잘 처리한다면 성실한 아이로 인정받을 거야.

4. 심부름은 일종의 테스트

아이의 이해력과 실천력 그리고 선생님을 대하는 태도 등을 종합적으로 판단하기 위해 선생님은 일부러 심부름을 시키기도 해. 앞으로 성적이나 태도가 좋아질 수 있는 가능성이 있는지도 알아보는 거지.

5. 심부름을 잘하는 아이는 선생님들 사이에서도 소문난다.

공부 잘하는 아이보다 성실한 아이가 선생님들의 관심을 더 많이 받아. 특히 심부름을 야무지게 잘하는 아이가 있는 반의 선생님은 다른 반 선생님들의 부러움을 받기도 해.

▶▷ 심부름해야 할 때 선생님 사용법

웬만하면 한다.

아침 시간이나 쉬는 시간에 선생님이 심부름을 부탁하면 들어줘. 특히 방과 후에 남아서 해야 할 심부름이 있으면 선생님이 더 미안해하거든. 이때 심부름을 하면 효과가 최고야. 남아서 선생님과 잡담하는 재미도 쏠쏠할걸.

다른 반에 가면 인사를 잘한다.

심부름을 잘한다는 건 성실한 아이란 뜻이야. 선생님이 부탁한 물건을 들고 다른 반에 갔을 땐 밝은 표정으로 인사를 공손히 해 봐. "안녕하세요, 선생님. 저희 담임 선생님이 전해 달라고 하셨어요."라고 말해 봐.

잊어버리면 다시 와서 물어본다.

선생님의 심부름 내용을 잊어버리거나 헷갈리면 빨리 다시 와서 물어봐. 두세 번 물어보는 건 상관없지만 엉뚱하게 심부름을 하면 선생님도 곤란해지거든.

13 학교 대표로 대회에 나갈 때

 태호 : 야호! 이번에 교내 육상 대회에서 우승했어.

 유경 : 와 대단한데. 난 이번에 영어 대회에 학교 대표로 출전하게 되었어.

 차쌤 : 모두 축하해. 학교 대표가 되어 대회에 나가게 되면 좀 특별한 경험을 하게 될 거야.

과학, 글짓기, 컴퓨터, 영어, 음악, 미술, 체육 등 학교에서 실시하는 대회의 종류는 생각보다 참 많아. 이런 대회를 나가기 위해 학교 대표가 된다면 기분 좋은 일이겠지?

1. 대회마다 주최하는 곳이 다르다.

학교에서 선생님의 지도로 나가는 대회는 학교장, 교육장(시, 군), 교육감(특별시, 광역시, 도), 교육부 장관(전국) 대회의 순이야.

학원에서 주관하는 대회는 학교에서 선생님이 따로 지도해 주지 않아. 학교에서 따로 시상하지도 않지. 학교 대회를 우선해서 도전해 봐.

2. 대표가 되면 지도 선생님이 생긴다.

학교 대표로 선발되면 종목별 지도 선생님이 배정되어 지도해 줄 거야. 지도 선생님은 해당 종목에 비교적 많은 지도 능력이 있기 때문에 새로운 경험을 할 수 있는 좋은 기회지.

3. 취미로 시작해서 특기가 되는 것이 가장 좋다.

지도 선생님의 능력이 아무리 좋아도 대표가 된 아이가 열심히 노력해야 해. 아이가 흥미를 가지고 1년 이상 꾸준히 해 온 종목이라면 가능성이 크지. 내년을 위해 올해 준비한다는 기분으로 시작해도 괜찮아.

4. 대회 출전은 무엇보다도 좋은 기회다.

학교 대표로 나가서 수상을 하느냐 못 하느냐는 능력의 문제야. 그것보다 대회를 준비하면서 선생님과 많이 친해질 수 있고, 같이 나간 아이들과 특별한 우정도 쌓을 수 있어.

대회에 나가면 그 어느 때보다 가슴이 두근거리고 걱정도 되지만 열심히 노력하는 다른 아이들과 함께했다는 것만으로도 어디에서도 얻을 수 없는 멋진 경험이 될 거야.

▶▷ 학교 대표로 대회에 나갈 때 선생님 사용법

선생님과의 관계를 달리해야 한다.

대회에 출전하는 아이는 학교의 대표라는 자부심을 가지고 지도 선생님을 대하도록 해.

그래서 선생님께 일방적인 지도를 받는 것보다는 아이 자신의 의견도 적극적으로 내면서 함께한다는 기분으로 선생님을 대하는 것이 좋아. 연습하다가 문제가 생기면 빨리 선생님께 알려서 해결하는 방법도 찾고 보다 나은 방법도 찾도록 해.

약속 시간을 꼭 지킨다.

대회 출전하기 전에 연습하는 시간은 한 달 전후가 될 거야. 긴 것 같지만 그렇지 않아. 지도 선생님은 출전하는 아이가 성공할 것인지 아닌지를 두 가지로 판단해.

재능이 있는가? 성실한가?

대표가 될 정도면 재능은 있는 것이고 연습 시간이나 연습 과제를 하는 시간을 못 지킨다면 선생님도 어쩔 수가 없어.

전체적인 대회 진행 순서를 알려 달라고 한다.

국가 대표로 올림픽에 나가면 선수도 긴장하게 되어 있어. 대회의 순서와 전체적인 시간을 머릿속에 넣고 있으면 긴장을 조금 덜할 수 있지. 최소한 대회가 있기 일주일 전에는 대회 순서와 시간, 그리고 출전해서 해야 할 일을 기억해 두는 것이 좋아.

지도 선생님께 감사의 마음을 표현한다.

대회가 끝나고 나면 기쁨과 아쉬움이 함께 남지. 그건 지도한 선생님도 같은 마음이야. 짧은 기간이라도 같이 노력했던 선생님께 "그간 지도해 주셔서 감사합니다."란 인사를 꼭 하도록 해. 비록 수상을 못해도 지도 선생님은 진심으로 격려해 줄 거야.

14. 선생님께 칭찬받고 싶을 때

 태호 : 유경아, 어떻게 하면 너처럼 칭찬을 많이 들을 수 있어?

 유경 : 글쎄, 수업 시간에 열심히 하고 공부 잘하면 칭찬 많이 해 주시지 않을까?

 차 쌤 : 꼭 성적이 좋아야 칭찬을 해 주는 건 아니야. 선생님이 아이를 칭찬할 때는 뭔가 이유가 있단다. 선생님이 어떨 때 칭찬을 하는지 알아보자.

아이는 누구나 선생님께 관심을 받고 칭찬받는 걸 원하지. 선생님이 어떨 때 아이들을 칭찬하는지를 알면 도움이 될 거야.

1. 칭찬할 거리가 있어야 칭찬받는다.

제일 중요하고 당연한 것인데도 칭찬받을 행동을 하지 않고 칭찬해 주지 않는다고 생각하는 아이들이 있어. 칭찬받으려면 칭찬받을 행동을 해야 되겠지?

2. 성적이 좋다고 칭찬받지는 않는다.

많은 아이들이 잘못 알고 있는 것 중 하나인데 성적만 좋아졌다고 칭찬을 듣는 것은 아니야. 대신 공부하는 태도가 좋으면서 성적도 향상되면 칭찬을 많이 들어. 태도는 안 좋은데 시험 점수만 높으면 본체만체할걸.

3. 역할 분담이나 봉사 활동을 잘하면 칭찬받는다.

자신의 역할을 충실히 하고 다른 아이를 도와주는 걸 선생님은 무척 좋아해. 특히 선생님이 없을 때나 안 볼 때 역할 분담이나 봉사 활동을 평소대로 하면 특별히 많은 칭찬이 돌아올 거야.

4. 본보기로 칭찬받기도 한다.

책꽂이에 어질러진 책을 정리한다든지, 바닥에 떨어진 휴지를 줍는다든지 책상 줄을 맞춘다든지 다른 아이들이 소홀히 여기는 걸 챙겨 하는 아이가 있다면 반 전체 아이들이 다 듣도록 칭찬을 해 주지.

5. 특별한 이유 없이 칭찬받기도 한다.

선생님이 일부러 이름을 불러 주며

"넌 책임감이 많아서 훌륭한 지도자가 될 거야."

"넌 재능이 많으니 선생님 말씀 잘 듣고 노력하면 꿈을 이룰 거야."

이렇게 뜬금없이 칭찬해 줄 때는 앞으로 잘하라는 격려를 담은 칭찬의 고급 기술이야.

▶▷ 칭찬받고 싶을 때 선생님 사용법

기본 생활 태도를 충실히 한다.

기본 생활 태도에 충실하면 칭찬받을 기회가 많아져. 대신 한 번 하고 칭찬을 바라지 말고 꾸준히 해야 해.

칭찬거리를 찾아 칭찬한다.

칭찬받는 것만 바라지 말고 칭찬해 보는 습관도 들여 봐.

"빌려 줘서 고마워.", "넌 성실한 아이구나.", "어쩌면 그렇게 꼼꼼하니?", "발표 멋졌어."

사소한 것이라도 구체적으로 장점을 찾아보며 칭찬 연습을 해 보는 거야.

"선생님, 오늘 수업하실 때 멋있었어요."

자주 하다 보면 자연스럽게 선생님께도 할 수 있겠지? 선생님도 칭찬을 들으면 꼭 아이의 칭찬거리를 찾아 해 줄 거야.

도와준다는 생각을 행동으로 옮긴다.

선생님과 아이들을 관찰하다 도와줘야겠다는 생각이 들면 얼른 행동으로 옮겨. 마음속으로 생각만 하면 별 소용이 없어. 사소한 도움이라도 받는 사람은 무척 고마워하고 기회가 되면 칭찬하고 싶어 할 거야.

고마운 마음이 들 땐 쪽지를 쓴다.

쑥스럽고 부끄러워 감사의 말을 못 할 때가 있어. 그럼 쪽지에 써서 선생님께 드려. 아마 따로 불러서 고맙다고 말하면서 칭찬도 해 줄걸.

15 친구와 잘 지내고 싶을 때

태호 : 차 쌤, 좋은 친구를 사귀는 비결이 있나요?

차 쌤 : 좋은 친구를 사귀고 싶으면 자기가 좋은 친구가 되면 되잖아.

유경 : 쉽지만 어려운 방법이군요.

차 쌤 : 친구도 잘 사귀고 공부도 잘하는 방법을 차 쌤은 알고 있지.

태호 : 그게 뭔데요?

차 쌤 : 수업 시간에 선생님께 인정받으면 돼.

누구나 교실에 친한 친구가 있으면 좋겠다고 생각하지?

친구 사귀기를 어려워하는 아이들이 많은데, 좋은 친구를 사귀는 것도 중요하지만 두루두루 잘 지내는 것도 무척 중요해.

친구를 잘 사귀는 아이와 잘 못 사귀는 아이는 어떤 특징이 있을까?

친구를 잘 사귀는 아이	친구를 잘 못 사귀는 아이
– 내 생각과 함께 다른 아이의 생각도 같이한다.	– 내 생각만 한다.
– 책임감이 많다.	– 책임질 일을 하지 않으려고 한다.
– 고운 말을 쓴다.	– 욕설을 자주 한다.
– 주변 정리를 잘한다.	– 주변이 지저분하다.
– 선생님께 칭찬을 많이 듣는다.	– 선생님께 지적을 많이 당한다.
– 밝은 얼굴로 지낸다.	– 불만 많은 얼굴로 지낸다.
– 친구의 칭찬을 많이 한다.	– 친구의 험담을 많이 한다.

1. 수업에 충실하면 좋은 친구가 될 수 있다.

친구를 잘 사귀는 아이의 특징을 보면 수업 시간을 충실히 보내. 수업 시간을 충실히 보낸다는 건 좋은 친구가 될 수 있는 연습이 될 뿐 아니라 덤으로 공부도 잘하게 되는 비결이 되니까 도전할 만하지?

2. 좋은 친구를 사귀는 방법은 노력이 필요하다.

아이들이 가장 좋아하는 친구는 착한 아이야. 고운 말을 쓰고 밝은 표정으로 사람들을 대하는 것을 스스로 연습해야 해. 또 몸가짐을 단정하게 하고 주변도 깔끔한 게 좋아. 주변 정리를 하다 보면 책임감도 생기고 선생님의 칭찬을 듣다 보면 아이들과의 관계도 자연스럽게 좋아질 거야.

▶▷ 친구와 잘 지내고 싶을 때 선생님 사용법

교실 생활에 충실해서 선생님께 인정받기

교실에서 생활하거나 수업할 때 선생님께 인정받을 수 있도록 노력하는 것이 중요해. 선생님과 잘 지낼 수 있다는 건 모나지 않은 아이라는 것이 증명되는 거니까 다른 아이들도 대부분 좋아해.

교실 생활에 충실하다는 건 자기 역할을 잘하고 있다는 거니까 성실하고 착한 아이라는 이미지가 생기지.

간혹 친구와 친하게 지내려는 이유로 수업 시간에 친구와 장난치고 잡담하는 아이는 결코 친한 사이가 될 수 없어.

친하게 지내고 싶은 친구에 대해 알려 달라고 한다.

특별히 친하게 지내고 싶은 아이가 있으면 선생님께 도움을 청해 봐.

"선생님, ○○와 친하게 지내고 싶은데 어떻게 하면 좋을까요?"

방과 후에 남아서 이야기하거나 선생님의 심부름을 해 드리고 도움을 요청하면 흔쾌히 도와줄 거야.

16 친구와 서먹해졌을 때

 차 쌤 : 유경아 왜 그래? 오늘 기분이 안 좋은 것 같네.

 유경 : 아무 일도 아니에요. 차 쌤은 신경 쓰지 않으셔도 돼요.

 태호 : 아무 일도 아니긴 뭐가 아냐? 아까 쉬는 시간에 보니까 여자 애들 끼리 분위기가 영 안 좋던데.

 차 쌤 : 친구 간에 사소한 오해가 생겨 서먹해질 때 잘 풀지 않으면 나중에 큰 다툼이 되기도 해.

1. 친구와 서먹해지는 대표적인 5가지 이유
   ― 자기 욕심을 부릴 때
   ― 친구의 이야기를 잘 듣지 않을 때
   ― 다른 아이에게 험담을 할 때
   ― 지나치게 친구에게 의지하려 할 때
   ― 친구를 배려하지 않을 때

2. 친구와 서먹해지는 건 당연한 거야.

친구와 서먹한 상태를 불안해하는 아이도 많아. 불안해하는 이유를 들어 보면 친구와 서먹한 상태로 있는 걸 참지 못한다는 거지.

친구는 또래라 좋긴 하지만 부모님이나 선생님처럼 항상 잘해 주진 않아. 처음엔 상대방에게 잘해 주다가도 자기 생각에 빠지면 쉽게 함부로 대하기도 하거든.

3. 서먹해졌을 땐 먼저 이야기해.

친구와 서먹해진 이유는 아주 사소한 거야. 조금만 양보하면 금방 해결되는 문제가 대부분이지. 하지만 싸움으로 번지는 건 서먹해졌을 때 해결하는 방법을 몰라서 그래. 먼저 이야기하고 필요하면 사과도 하는 것이 좋아.

"네가 잘못했으니 먼저 사과해.", "날 기분 나쁘게 했으니 나의 마음을 알아서 네가 풀어 줘."

이런 마음을 가지고 있으면 간단한 문제를 복잡하게 만들고 나중에 큰 상처를 받을지도 몰라.

▶▷ 친구와 서먹해졌을 때 선생님 사용법

<u>선생님은 모르는 경우가 대부분이다.</u>

선생님이 대충 눈치채는 경우도 있지만 선생님도 잘 모를 수 있어. 교우 관계는 선생님이 일일이 간섭하지 않기 때문에 아이는 두 가지 중 하나를 선택해야 해.

혼자 해결할 것인가, 선생님께 도움을 요청할 것인가?

일단 위에 나와 있는 방법으로 해결해 보려고 노력했는데도 효과가 없으면 심각한 상태이기 때문에 선생님께 알리고 도움을 받는 것이 좋아.

구체적인 상황을 적어 간다.

아이는 잘 알고 있지만 선생님은 처음 듣는 상황일 수 있기 때문에 아이가 잘 설명하지 않으면 선생님은 이해하기 어려워. A4 용지 한 장 정도에 왜 서먹해졌는지 이유를 적거나 그림으로 상황을 그려 오면 선생님이 쉽게 해결할 방법을 찾을 거야.

서먹한 친구와 이야기할 기회를 마련해 달라고 부탁한다.

서로 대화가 없으면 서먹함은 미움으로 변할지 몰라. 선생님께 상황을 말씀드리고 조용한 곳에서 이야기할 기회를 마련해 달라고 부탁하면 선생님은 충분히 아이의 부탁을 들어줄 거야.

서먹함이 해결되면 꼭 선생님께 알린다.

아이가 선생님께 친구 간의 서먹함에 대해 상담하면 선생님이 해당 아이들을 유심히 관찰해. 서먹한 상태에서 먼저 용기 내어 대화해 보면 서로가 쉽게 이해되어 전보다 더 친해지기도 해. 대신 선생님이 화해한 것을 모를 수 있으니 "우리 이제 잘 지내기로 했어요."라고 알려 주면 더 이상 걱정하지 않아.

17 친구와 싸웠을 때

학교에서 친구와 싸우고 집에 돌아가면 그날은 가장 화나면서 슬픈 날이 될 거야. 보통은 작은 오해로부터 시작해 서로 미워하는 마음이 커지면 싸우게 돼.

하지만 서먹해질 때까지는 남녀의 차이가 없는데 싸울 때는 차이가 나. 물론 서로 대화가 부족하다는 공통점이 있지.

많은 아이들이 다음과 같은 싸움의 단계를 거친단다.

1. 남자아이 : 싸우고 나서 싸운 이유를 생각한다.

남자아이들은 말다툼도 하지만 몸으로 뒤엉켜 싸우는 경우도 있고 심하면 때리고 맞아 상처가 나는 경우도 종종 있어. 싸우는 이유는 다양해도 실제 싸우는 순간에는 욱하고 치밀어 오르는 분노를 참지 못해 격렬하게 싸움을 벌이지.

친구들과 선생님이 말린 뒤 왜 싸웠는지 이유를 말해 보라 하면 앞뒤가 맞지 않는 이유를 대거나 왜 싸웠는지 이유도 잊어버리고 그냥 미워서 싸웠다고 말하는 경우도 있어.

특이한 건 격렬하게 싸우고 화해는 뒤끝 없이 할 때가 많아.

2. 여자아이 : 오랫동안 오해가 쌓여서 서먹함이 극에 달하면 싸운다.

여자아이는 오해가 생겨 서먹함이 지속되면 다른 아이에게 이야기하며 스트레스를 풀기도 하는데 그것이 더 큰 오해를 낳아. 서로 대화를 끊고 미움이 쌓이다가 폭발하는 형태가 대부분이야. 말다툼이 가장 많고 고학년으로 올라갈수록 일대일 싸움보다 무리 대 무리로 싸우는 경우가 자주 있지.

특이한 건 싸움은 격렬하지 않은데 화해를 해도 앙금이 오래갈 수 있어.

▶▷ 친구와 싸웠을 때 선생님 사용법

서먹해진 단계가 지나서 싸움이 났다면 선생님도 알고 있다고 봐야 해. 싸운 아이는 감정이 폭발했기 때문에 올바른 판단을 하기 힘들어. 그럴 땐 선생님의 지시와 의견을 따르는 것이 좋아.

아이들이 싸웠을 때 선생님이 하는 일

1. 중지하기: 싸움이나 말다툼을 중지하며 선생님이 등장한다.

2. 정리할 시간 주기: 싸운 아이에겐 감정을 진정시킬 시간을 주고 구경하는 아이에겐 자리로 돌아가라고 지시한다.

3. 싸운 이유 알아보기: 직접 싸운 아이나 지켜본 아이로부터 싸운 이유를 듣는다. 심한 경우는 싸운 이유를 쓰게 한다.

4. 잘잘못 판단하기: 보통은 서로 책임이 있다고 생각하고, 싸우게 된 원인을 제공한 아이와 폭력을 먼저 사용한 아이가 누군지 찾는다.

5. 잘못 인정시키기: 무엇으로 인해 오해가 생겼고 왜 화가 났는지 상대방의 입장을 전달해 주고 잘못을 인정하도록 한다.

6. 화해하기: 서로 사과하게 하고 잘못의 강약에 따라 피해 입은 것에 대해서는 물어주도록 한다.

선생님이 있는 자리에서 오해를 푼다.

싸운 이유를 말하다 보면 서로 오해했던 부분이 나올 거야. 꼭 선생님이 있는 곳에서 오해를 풀도록 해. 싸운 아이는 자기가 본 것을 우선으로 생각하기 때문에 상대방의 입장을 잘못 이해할 수 있어. 그래서 선생님 앞에서 오해를 풀면 오히려 분명하고 공정하게 풀어 줄 거야.

화해의 방법을 선생님께 부탁한다.

잘못 인정 단계까지 오면 싸운 것에 대한 반성과 후회가 되면서 '싸운 아이와 어떻게 지내지?' 하는 걱정도 밀려와. 이때는 선생님께 부탁하자. 이왕이면 선생님이 화해시키려고 할 때 시도하는 것이 가장 좋아.

예) 선생님 : 이제 서로 잘못한 것 인정해? 좋아. 그럼 화해할 준비도 되었니?
　　아이 : 선생님, 화해는 해야겠는데 어떻게 해야 할지 모르겠어요. 선생님이 방법을 알려 주시면 따르겠습니다.

보통 화해의 편지 쓰기, 오해한 것 사과하기, 서로 악수하거나 안아 주기 등을 하기도 해.

선생님 안심시키기

아이들이 싸우고 나면 선생님도 걱정을 해. 서로 화해하고 별 탈 없이 잘 지낸다면 며칠 지난 후에라도 꼭 알려 드려.

"이제 ○○와 잘 지내기로 했어요."

미소 지으며 밝은 표정으로 이야기하는 아이에게 선생님은 환한 웃음을 보여 줄 거야.

18 아파서 보건실에 가야 할 때

 태호 : 아침부터 배가 살살 아프더니 점점 심해지는데.

 유경 : 일단 보건실에 가 봐.

 태호 : 난 보건실에 갈 테니 선생님께 대신 말 좀 해 줘.

 차 쌤 : 태호가 배가 아파 보건실에 가는구나. 너무 급하지 않으면 담임 선생님께 직접 말씀 드리고 보건실에 가는 것이 좋아. 그럼 치료 잘 받고 와.

1. 보건실의 위치를 알아 두자.

보건실의 위치는 학교에서 찾기 수월하고 가장 아늑한 곳이야. 하지만 아프면 보건실을 찾느라 허둥댈지도 모르니까 미리 알아 두면 좋아. 학교 건물 출입구에는 모든 교실의 위치가 나와 있는 그림이 있을 거야. 보건실은 창문에도 큼직하게 표시되어 있어 운동장에서도 쉽게 찾을 수 있지.

2. 보건실에서 치료받을 수 있는 것과 없는 것

보건실은 치료를 받는 곳이지만 병원이나 약국이 아니기 때문에 전문 약품을 써서 치료할 수는 없어. 단순 배 아픔, 머리 아픔, 어지러움, 간단한 상처 치료, 근육통, 접질렸을 때는 치료받을 수 있어. 하지만 피부가 찢어질 만큼 상처가 크게 나거나 열이 심하게 오르거나 하면 집에 연락하고 병원으로 가서 치료받아야 해. 그리고 정말 응급 상황인 경우에는 보건 선생님께서 바로 병원으로 데려가거나 119에 연락을 하기도 해.

▶▷ 보건실에 가야 할 때 담임 선생님 사용법

담임 선생님께 알린다.

아프면 담임 선생님께 어디가 아픈지 알리고 보건실에 가겠다는 뜻을 분명히 이야기해.

"선생님 배(머리, 다리)가 아파 보건실에 다녀오겠습니다."

갑자기 다쳤거나 너무 아프면 보건실에 먼저 가야 하지만 웬만하면 담임 선생님께 알리는 것이 좋아. 보건실에서 치료받고 와서도 담임 선생님께 이야기해 줘. 만약 보건실에 갈 때 못 했으면 다녀와서 반드시 이야기해 줘야 해.

▶▷ 보건실에 갔을 때 보건 선생님 사용법

아픈 아이가 오면 보건 선생님은 어떻게 할까?

아픈 아이가 보건실에 오면 보건 선생님은 병원으로 가야 할 정도로 다쳤는지 보건실에서 치료받아도 될 수준인지 먼저 알려고 할 거야. 보건실에서 치료받아야 한다면 빨리 치료해야 할 것인지 경과를 지켜봐야 할 것인지 파악하지.

"조금 있다가 아프면 다시 와."

보건 선생님이 이렇게 말씀하시면 경과를 지켜보자고 하는 거야. 머리가 아프고 어지러운 경우, 또는 보건 선생님이 조금 더 관찰해 보아야 하는 경우에는 보건실에 마련된 침대에서 잠시 쉬면서 경과를 보기도 해.

보건 선생님의 물음에 대답을 잘하자.

보건 선생님은 아이가 얼마나 아픈지 직접 느끼지 못해. 그렇기 때문에 이것저것 질문을 할 거야. 아이는 어디가 어떻게 아픈지, 얼마나 아픈지, 언제부터 아팠는지를 잘 대답해야 치료에 도움을 줄 수 있어.

예) 보건 선생님 : 어디가 아파?

아이 : 아랫배가 아파요.

보건 선생님 : 어떻게 아파?

아이 : 뭔가 당기듯이 아파 오고, 아프다가 좀 괜찮은가 싶으면 다시 아파
요.

보건 선생님 : 얼마나 아파?

아이 : 참기 어려울 정도로 아파요. (좀 참을 만하지만 계속 신경 쓰여요.)

보건 선생님 : 언제부터 아팠어?

아이 : 어젯밤부터 조금씩 아팠어요. (아침에 일어나서부터 아팠어요.)

상냥하고 밝은 얼굴로 보건 선생님을 대하면 더 잘해 준다.

아파서 보건실에 갔는데 상냥하고 밝은 얼굴을 하긴 힘들 거야. 그건 보건 선생님도 알아. 하지만 대부분 보건실에 오는 아이는 단순한 통증이나 상처 치료를 위해 가는 거잖아. 상냥하고 밝은 얼굴로 보건 선생님을 대하면 더욱더 잘 보살펴 줄 거야.

평소 늘 아픈 곳이 있거나 특이 체질이면 꼭 상담받자.

많지는 않지만 잦은 병치레를 하거나 특이 체질 때문에 급식 또는 학교 활동에 주의나 도움이 필요한 아이는 보건 선생님과 상담을 하면 특별히 세심하게 도와줄 거야.

19 아파서 지각, 조퇴하거나 결석해야 할 때

 유경 : 아침에 일어났더니 머리가 아프고 기침이 많이 나요. 어떻게 하지요?

 차 쌤 : 걱정이 많겠구나. 학교에 올 것인지 치료받고 쉴 건지는 유경이가 직접 결정해.

 태호 : 결석하면 개근상을 못 받으니 억지로라도 나오는 게 좋지 않을까요?

 차 쌤 : 몸이 아프거나 불편하면 건강을 되찾는 것이 개근상보다 더 중요하단다.

1. 아프면 지각, 조퇴, 결석은 당연히 할 수 있고 필요하면 해야 한다.

학교에 올 때는 몸과 마음이 건강한 상태로 오는 것이 가장 좋아. 하지만 어쩔 수 없이 지각, 조퇴, 결석을 해야 할 때가 있을 거야. 아파서 지각이나 조퇴 또는 결석해야 할 때는 너무 미안해하거나 변명하려고 하지 않아도 돼. 대신 전화로 알려 주면 선생님도 걱정이나 오해를 하지 않으니 방법을 알려 주도록 할게.

2. 아플 때 억지로 학교에 오려고 노력하지 않는다.

아침에 일어났는데 몸이 무겁고 열이 오르며 감기 기운이 있으면 지각을 하더라도 병원에 가서 진료를 받고 와도 돼. 진료를 받아도 낫지 않거나 더 심하면 부모님과 의논해서 하루 결석하고 푹 쉬고 오도록 해.

▶▷ 지각, 조퇴, 결석해야 할 때 선생님 사용법

__지각, 결석할 때 될 수 있으면 아이가 연락하도록 하자.__

지각이나 결석의 경우 보통 부모님이 선생님께 연락하지만 어쩔 수 없는 상황이 아니면 아이가 선생님께 직접 전화해서 말하는 것이 좋아.

"선생님, 오늘 제가 아파서 병원 먼저 다녀와서 학교에 가도록 할게요."

"선생님, 제가 너무 아파서 오늘 하루 쉬어야 할 것 같아요."

이럴 경우 선생님은 허락해 주는 것은 물론이고 빨리 나아서 돌아오라고 위로와 격려를 해 줄 거야.

"선생님, 아파서 지각(어제 결석)했어요. 이젠 괜찮아요."

지각이나 결석하고 난 뒤에 학교에 왔을 때도 먼저 선생님께 인사하도록 해.

__조퇴할 것인지의 결정은 아이가 하는 게 좋다.__

학교에 왔는데 몸이 아파서 조퇴를 해야 할 일이 생기면 선생님께 사정을 말씀 드리고 조퇴하면 돼. 특히 몸이 아플 때 조퇴할 것인지에 대한 결정은 아이 스스로 판단해서 하는 것이 좋아.

(좋은 예)

아이 : 선생님, 몸이 아파요.

선생님 : 어디가 어떻게 아프니?

아이 : 몸에 열이 있는 것 같고, 감기에 걸린 것 같아요.

선생님 : 보건실에 가 보는 것이 좋겠니? 조퇴해서 집에서 쉬거나 병원에 가 보
        는 것이 좋겠니?

아이 : 일단 보건실에 가 보고 그래도 안 좋아지면 조퇴하는 것이 좋겠어요.

(나쁜 예)

아이 : 선생님, 엄마가 조퇴하라고 했어요.

선생님 : 왜? 어디 아픈가 보구나. 그럼 너의 생각은 어떤데?

아이 : 몰라요. 아프면 그냥 오래요.

선생님 : 아프면 조퇴해도 되지만 너의 생각을 듣고 싶어. 결정해서 알려 줘.

꾀병을 부려 조퇴하면 언젠가는 들킨다.

공부하기 싫어서 조퇴하려는 아이도 가끔 있어. 이런 아이는 꼭 수업 시간에
는 아프다고 하고 쉬는 시간에는 잘 놀지. 그래도 아프다고 하면 선생님은 보내
주긴 하지만 자주 써먹으면 다른 아이들이 이르기도 한단다.

"선생님, ○○가 어제 조퇴하고 PC방에서 게임하고 놀았어요."

"선생님, ○○가 어제 조퇴하고 잘만 놀던데요."

아파서 학교를 조퇴, 결석했으면 학원도 쉬어라.

아파서 조퇴나 결석을 한 아이가 그날 학원에 갔다면 같은 학원에 다니는 아
이가 선생님께 알려 줘. 그러면 선생님은 이렇게 생각할지도 몰라.

'○○가 아프다더니 꾀병이었나? 학교 공부는 대충해도 되고 학원 공부는 열
심히 하겠다는 거야? 상당히 서운한걸.'

결석이나 조퇴를 했지만 오후에 다 나아서 학원에 갈 수 있다면 선생님께 문
자나 전화를 해서 다 나았음을 알려 줘. 하지만 아파서 조퇴나 결석한 날이라면
웬만하면 집에서 잘 먹고 푹 쉬는 게 가장 좋아.

20 수업 시간에 화장실에 가고 싶을 때

10분의 쉬는 시간 동안 휴식도 하고 화장실도 다녀와야 하는 걸 모르는 아이는 없을 거야. 쉬는 시간에 가장 먼저 해야 할 일인 화장실 가기를 미루다가 수업 시간에 화장실을 간다고 하면 선생님이 불필요한 오해를 할 수도 있어. 그러니까 될 수 있으면 화장실은 쉬는 시간에 가도록 해.

1. 수업 시간에 화장실에 가도 이해하는 경우

: 복통이나 구토, 설사가 찾아왔을 때

볼일을 못 봐서 배가 아프거나 뭘 잘못 먹어서 구토나 설사를 하는 경우가 있어. "선생님, 속이 안 좋아서 화장실을 급히 가야겠어요."

이렇게 말하면 선생님이 보내 줄 거야.

: 생리할 때(여학생인 경우)

여학생인 경우에는 자라면서 생리를 하게 된단다. 자연스러운 과정이지만 수업 시간에 화장실에 가야 할 경우도 가끔 생겨.

"선생님, 배가 아파 화장실에 가야겠어요." 배가 아픈데 보건실에 가지 않고 화장실에 가겠다고 하면 남자 선생님이라도 금방 눈치채.

　: 학교 화장실 사용에 익숙하지 않아 볼일을 잘 못 보는 경우

많은 아이들이 이용하는 학교 화장실에서는 신경이 쓰여 볼일을 잘 볼 수 없다면, 학기 초에 담임 선생님께 직접 사정을 말씀 드리고 수업 시간에 갈 수 있기도 해.

하지만 학교 화장실도 환경이 많이 좋아졌기 때문에 공중 화장실 사용에 익숙해지도록 노력하는 것이 좋아.

　: 쉬는 시간에 다른 일을 하다 놓쳤을 때

선생님의 심부름을 했거나 도서실에 책을 반납했거나 혹은 당번 활동을 쉬는 시간에 하다 화장실을 못 갔을 때는 쉬는 시간에 화장실에 못 간 이유를 알려주면 돼.

"선생님, 당번 활동을 하느라 화장실에 못 갔습니다. 다녀오면 안 될까요?"

2. 수업 시간에 화장실에 가면 잔소리를 듣는 경우

수업 시간에 화장실에 간다고 하면 선생님은 수업 분위기가 흐려지고 집중력이 떨어지기 때문에 좋아하지 않아. 그래서 수업 시간에 자주 화장실을 간다고 하면 선생님은 그 아이가 불성실하다고 생각할 수도 있어. 물론 잔소리는 하지만 못 가게 하지는 않을 거야.

　: 쉬는 시간에 놀다가 수업 시간에 간다고 할 때

선생님이 수업을 한창 진행하면서 질문과 대화를 열심히 하고 있는데 "선생님, 화장실 가면 안 돼요?"라고 묻는 아이가 있으면 선생님도 맥이 빠진단다.

"쉬는 시간에는 화장실 안 가고 뭐했니?" 선생님이 이런 잔소리를 한다면 그

아이는 자주 수업 시간에 화장실을 가는 아이일 것이고 선생님도 그 아이를 눈여겨보게 돼.

: 공부하기 싫을 때마다 화장실에 간다고 할 때

운동을 좋아하는 아이는 체육 시간에 화장실을 잘 가지 않아. 반대로 공부하기 싫을 때 화장실에 가는 아이도 있어.

특정한 수업 시간에 화장실을 자주 가거나 한 번 가면 금방 돌아오지 않는 아이는 선생님이 눈여겨보다가 "왜 ○○는 수업 시간이면 화장실에 가려고 하지?"라고 말해.

이런 잔소리를 들으면 선생님이 다 알고 있다는 뜻이야.

21 준비물을 안 가지고 왔을 때

 유경: 오늘 미술 준비물로 신문지와 잡지를 준비하라고 했는데 챙겼니?

 태호: 어쩌지? 집에 놔두고 안 챙겨 왔어.

 차 쌤: 학교 갈 때 준비물만 잘 챙겨 와도 공부의 반은 하는 거야. 그만큼 준비물을 챙긴다는 건 중요한 것이지.

1. 학생이 챙겨 와야 할 준비물

: 교과서와 공책

모든 교과서와 공책을 사물함에 넣고 다니기보다는 오늘 공부할 교과서와 필기용 공책만 가방에 챙겨 오는 것이 좋아.

: 필통

깎은 연필 세 자루 이상, 지우개, 작은 자(10cm~15cm), 색볼펜(붉은색, 파란색) 네임펜, 형광펜

: 사물함에 놓고 쓰는 준비물

색연필 세트나 색사인펜 세트, 딱풀, 가위, 투명 테이프, 미술 도구(물감, 4B 연필, 붓, 팔레트, 물통 등), 휴지, 물티슈, 투명 파일철, 줄넘기 줄, 리코더 등

2. 그때그때 필요한 준비물

빈 깡통, 헌 잡지나 신문지 등 미술이나 실과 수업 등을 하다 보면 그 수업 시간에만 쓰는 준비물들이 있을 거야. 활동형 수업이 많은 저학년 때는 이런 준비물이 많지만 고학년으로 갈수록 점점 줄어들지. 보통 이런 준비물은 알림장으로

미리 알려 줘. 준비물은 아니지만 각종 설문 조사한 용지나 신청서도 꼭 잊어버리지 말고 챙겨.

3. 학교에서 준비해 주는 준비물

학생이 개인적으로 챙겨 와야 할 준비물 외에 공용으로 함께 쓰는 준비물은 학교에 있는 학습 준비물실에 보관되어 있어. 이런 준비물은 필요할 때마다 학교에서 거의 다 제공해 주고 있단다.

4. 개인 물건에 이름을 써 놓자.

교과서와 공책에는 학반, 번호 이름 적는 칸이 있는데 꼭 적자. 학교 안팎이나 아이들이 집에 돌아간 후 교실에는 주인 없는 물건이 많이 있는데 이름이 적혀 있으면 잊어버려도 금방 찾을 수 있어.

특히 학기 초에 리코더나 소금 같은 악기는 네임펜이나 견출지에 이름을 적어 붙여 두면 좋아.

▶▷ 준비물을 안 가지고 왔을 때 선생님 사용법

아침 시간에 확인하자.

수업 시작할 시간이 30분 이상 남았다면 집에 돌아가서 준비물 가져오기를 시도해 보는 것도 괜찮아.

"선생님, ○○를 놔두고 왔는데 집에 돌아가 다시 들고 오면 안 될까요?"

집에 보낼지 보내지 않을지의 판단은 선생님이 할 거지만 준비물을 끝까지 챙기려는 아이의 책임감 있는 마음이 전달되면 적극적으로 도와줄 거야.

헐레벌떡 집으로 뛰어가 준비물을 챙겨 오기 싫다면 전날 미리미리 준비해 두어야겠지?

빌리는 것도 능력이다.

기본 준비물을 안 가져왔을 때는 반 친구들에게 빌리고, 교과서를 놓고 왔을 땐 옆 반에 가서 빌려 보자.

"미안하지만 나에게 ○○를 빌려 주면 안 되겠니?"

친구 사이에도 예의를 지켜 가며 부탁하면 들어줄 거야.

교과서를 잃어버렸으면 빨리 선생님께 알리자.

"선생님, 교과서를 잃어버렸어요. 죄송하지만 남는 책이 있으면 한 권 얻을 수 있을까요?"

교과서를 잃어버렸을 경우에는 부끄럽긴 하지만 선생님께 알려서 다시 받도록 해. 몇 권 정도는 예비로 보관하는 교과서가 학교에 있거든. 대신 맡겨 둔 물건이 아니니까 최대한 예의 바르게 해야겠지?

22 급식소에서 점심을 먹을 때

 유경 : 아이 배고파. 빨리 점심시간이 되었으면 좋겠어요.

 차 쌤 : 유경이가 배가 많이 고픈 모양이구나.

 태호 : 차 쌤! 속지 마세요. 말만 저렇게 하고 급식소 가면 밥은 조금만 먹을걸요.

 유경 : 아니라니까. 날씬한 몸매를 위해서 식사량을 조절할 뿐이라고.

 차 쌤 : 너희는 성장기라서 충분한 영양 공급이 중요해. 배불리 먹어도 된단다. 학교 급식은 아이들의 성장 발달에 맞는 균형 잡힌 식단이 제공되지.

1. 학교 급식은 좋은 재료로 만든 양질의 식사야.

점심시간에 급식소에서 주는 점심은 생각보다 굉장히 좋은 음식이야. 영양 선생님과 조리사가 아이들의 건강을 돕도록 식단을 짜고 신선하고 다양한 재료를 이용해 안전하게 조리하고 있단다.

2. 급식을 잘 먹는 것도 용기가 필요하다.

보통 학교 급식의 식단은 매일 바뀌고 다양하게 나오기 때문에 잘 먹지 않거나 먹어 보지 않은 반찬을 먹어야 할 때가 있어. 건강에 좋은 음식이니까 용기를 가지고 먹어 보도록 해.

3. 급식 태도가 좋은 아이는 공부도 잘한다.

줄을 서서 밥을 타고 음식을 꼭꼭 씹어 잘 먹은 다음 남은 음식물 찌꺼기를 버린 뒤 식판을 잘 정리하고 나가는 아이들을 살펴보면 학교생활도 잘하고 공부도 잘해.

▶▷ 급식소에서 선생님 사용법

급식 시간은 선생님과 개인적인 이야기를 할 수 있는 기회다.

선생님도 아이들과 함께 밥 먹는 시간을 좋아해. 수업 시간과는 조금 다르게 여유롭고 즐거운 마음으로 선생님과 이야기를 나눌 수도 있어. 개인적인 이야기를 하면 대부분의 선생님은 잘 들어 줄 거야. 물론 이야기만 잘하면 안 돼. 밥도 잘 먹어야 해.

더 먹고 싶으면 더 받고 덜 먹고 싶으면 덜어 놓는다.

교실에서 급식하면 반끼리 밥을 먹으니까 먹고 싶은 반찬이나 밥을 먹을 때 눈치를 덜 봐도 되지만, 급식소에 가서 먹는다면 여러 반이 함께 먹기 때문에 배식대는 항상 붐빌지도 몰라.

배식대 옆에는 밥이나 반찬을 따로 담아 놓은 통이 있을 거야. 거기에서 더 받거나 덜어 놓으면 돼. 대신 받아간 건 다 먹도록 하자.

급식을 먹고 정리를 잘하면 선생님이 좋아한다.

급식을 맛있게 잘 먹으면 기분도 좋고 건강에도 좋지. 거기다가 식판과 수저 정리를 잘한다면 선생님은 눈여겨보고 좋아할 거야. 특히 밥 먹다가 흘린 음식이 있으면 휴지로 잘 닦아서 뒤처리를 해 봐. 선생님은 가정 교육을 잘 받은 아이라고 생각하고 다른 행동도 잘할 거라고 기대할 거야.

특정 음식을 못 먹으면 꼭 선생님께 이야기한다.

땅콩이나 콩 등을 먹으면 몸이 안 좋아지는 알레르기가 있는 경우에는 그 음식을 미리 선생님께 알려 줘야 해. 그러면 그 재료가 들어간 음식은 안 먹어도 돼. 보통 학기 초에 설문 조사를 하는 안내장이 가는데 담임 선생님께 직접 이야기해도 괜찮아.

23 우유 마시기 싫을 때

 유경 : 아침마다 우유 먹기가 싫어요. 차 쌤, 방법이 없을까요?

 차 쌤 : 아니 그 맛있는 걸 안 먹겠다니 이해가 안 되는데?

 태호 : 유경이는 우유를 먹으면 소화가 안 되는 체질이래요.

 차 쌤 : 체질적으로 우유를 소화 못 시키는 사람들이 있지. 하지만 우유가 비교적 좋은 식품이란 건 알아 둬야 해.

1. 학교 우유에 대한 오해와 진실

: 학교 우유는 유통 기한이 더 길다?

다른 우유와 똑같은 과정으로 만들지만 학교 급식 우유는 만들자마자 학교로 바로 오기 때문에 여러 유통 과정을 거치는 마트 우유보다는 유통 기한이 길어. 그만큼 더 신선하단 뜻이지.

: 학교 우유는 덜 고소하다?

아이들이 학교 우유가 맛이 없다고 하는 가장 큰 이유인데 우유의 고소한 맛은 우유 속 지방 때문이야. 마트 우유는 유통 과정과 판매 과정에서 자연스럽게 2~3일의 냉장 숙성을 거쳐 고소한 맛이 늘어나지만 학교 우유는 매우 신선하기 때문에 덜 고소하게 느껴질 거야.

: 왜 흰 우유만 주나? 딸기, 초코 우유가 더 좋은데.

학교 급식 우유는 가장 신선하고 설탕이 들어가 있지 않은 흰 우유를 마시게끔 되어 있어. 딸기, 초코 우유가 영양학적으로 나쁜 것은 아니지만 설탕이 들어간 가공유라서 급식에는 흰 우유가 나오지.

2. 단순히 우유를 마시기 싫은 것과 우유를 마실 수 없는 것을 구별하자.

우유는 성장기 아이에게 좋은 영양소가 많아서 학교에서 급식할 때 될 수 있으면 먹는 것이 좋아. 학교에서는 급식을 먹고 우유를 마시는 것이 공부만큼 중요한 일이야. 그래서 단순히 우유 마시기 싫다고 하면 선생님도 그냥 들어주긴 어려워. 하지만 어떤 아이는 우유를 소화 못 시키기도 하고 아토피 때문에 조심해야 하는 경우도 있지. 이런 이유로 집에서도 조심하고 먹지 않는 경우에는 학교에서도 안 먹을 수 있어.

▶▷ 우유 마시기 싫을 때 선생님 사용법

건강 때문에 못 마신다고 하면 된다.

우유를 마시면 배탈이 자주 나거나 아토피 때문에 집에서도 조심하고 있다면 학기 초에 선생님께 말씀 드리는 것이 좋아.

의사 선생님의 소견서가 있으면 가장 좋고, 아니면 부모님과 담임 선생님의 의견을 듣고 학교 영양 선생님이 우유 급식을 중지시킬 수 있어.

우유 급식을 신청하는 아이만 하는 학교라면 아예 신청하지 않으면 되겠지?

몸이 안 좋아 먹지 못할 때는 선생님께 알려라.

우유를 잘 먹던 아이도 감기나 몸살, 배탈 등이 생기면 우유를 먹기 힘들어. 그때는 선생님께 사정을 이야기해.

"선생님, 감기가 들어서(몸살이나 배탈이 나서) 우유를 못 먹을 것 같아요."

보통 선생님은 날씨가 덥지 않으면 집으로 가져가게 하거나 교탁 위에 둬서 더 먹고 싶은 아이들에게 줄 거야.

대신 책상 속이나 사물함에 숨겨 둬서 썩게 하거나 하굣길에 아무 곳에나 버리면 절대 안 돼.

───── ⅠⅠⅠⅠⅠ 우유에 대한 차 쌤의 조언 ⅠⅠⅠⅠⅠ ─────

건강 때문이 아니라면 학교에서 급식으로 받는 우유는 먹도록 하자. 아침에 받은 우유는 가장 신선할 때 먹는 습관을 들이면 좋아. 우유를 잘 먹지 않는 아이는 불필요하게 선생님의 눈치를 많이 보고 선생님도 괜히 신경을 많이 쓰기 때문에 서로 좋지 않아.

단순히 귀찮다는 이유가 아닌 우유를 먹지 못하는 이유가 있으면 꼭 정식으로 절차를 거쳐 우유를 받지 않도록 하자.

24 자리를 바꾸고 싶을 때

교실에서 누구와 함께 짝이 되느냐는 무척 중요하지? 하지만 대놓고 "○○와 짝이 되게 해 주세요."라고 말하는 아이는 별로 없어. 그래서 보통 눈이 나쁘다, 앉은 위치가 안 좋아 칠판이 안 보인다는 이유로 바꿔 달라고 하지.

아이들은 자리를 민감하게 생각해. 그래서 선생님은 다양한 모둠 책상 배치 방법으로 자리를 만들어 주거나 주기적으로 자리를 바꿔 주기도 해.

이렇듯 선생님이 자리에 대해 어떻게 생각하는지 알면 아이가 원하는 자리를 쉽게 얻을 수 있을 거야.

1. 자리에 대한 선생님의 생각

선생님은 아이들이 자리 배치에 불만이 없도록 하기 위해 가끔씩 바꿔 주고, 공부에 집중할 수 있도록 모둠형 자리를 만들어 토론 수업을 하기도 해. 그리고 말썽꾸러기나 선생님의 도움이 필요한 아이는 교실 앞쪽에 자리를 정해 주기도 하지.

짝을 자주 바꾸는 건 여러 아이들과 친해질 기회를 주려는 거야. 아이들이 수업 잘 받고 열심히 공부할 수 있도록 하기 위해 선생님은 노력한단다.

2. 이런 이유로는 자리 바꿔 달라고 하지 않는다.

: 눈이 나빠서 앞에 앉아야겠어요.

칠판의 글씨가 안 보인다는 이유로 앞에 앉아야 할 정도면 안과와 안경점에 가서 시력 교정을 위해 안경을 착용해야 해. 귀찮다는 이유로 안경을 안 쓰면 성장하면서 시력이 더 나빠질 수 있으니 안경을 쓰는 게 좋을 거야.

: 친구와 앉고 싶어요.

친구와 앉아서 수업을 받고 싶은 마음은 알겠지만 이미 자리가 정해져 있다면 선생님 입장에서는 들어주기 힘들어. 왜냐하면 자리 바꾸기는 반 아이들 모두 인정할 수 있도록 공평해야 하는데 친구와 앉고 싶다는 아이의 자리를 바꿔주면 다른 아이들도 바꿔 달라고 할 수 있기 때문이지.

∶ 부모님을 통해 자리 바꿔 달라고 하지 않는다.

교실의 일은 교실에서 해결해야 해. 교실에서 자리를 정해 주는 건 선생님의 고유 권한이야. 괜히 오해가 생길 수 있으니 아이가 직접 이야기하는 것이 좋아.

교실에서 가장 좋은 자리는 어디?

선생님 앞이 가장 좋아. 수업에 집중하기에도 좋고 선생님과 공감대를 형성하면서 수업할 수 있으니 더 친밀하게 느껴지지. 그래서 선생님은 일부러 수업 시간에 딴짓하는 아이들을 앞에 앉히기도 해.

▶▷ 자리를 바꾸고 싶을 때 선생님 사용법

자리 바꾸기는 간단할 것 같지만 선생님 입장을 생각해 보면 생각보다 어렵기 때문에, 선생님과 아이들 전체가 이해할 수 있는 방법을 찾아야 해.

공부를 위해 자리를 바꿔 달라고 하라.

공부를 잘하는 짝을 만나 옆에서 배우고 싶다고 한다면 선생님은 아이들에게 물어보고 불만이 없으면 바꿔 줄 거야. 공부를 잘하기 위해 자리를 바꾼다고 했으니 바꾼 후에는 좋은 태도로 공부해야 다른 아이들의 불만이 없겠지?

선생님과 자리 바꾸기 협상을 하라.

일단 자리를 바꾸고 싶다고 선생님께 말씀 드려. 선생님도 그냥 바꿔 주긴 힘드니까 조건을 제시하는 것이 좋아.

선생님도 인정하고 아이들도 인정할 수 있는 내기를 걸어서 바꿀 수 있도록 해. 아마 아이가 충분히 할 수 있는 일로 내기를 하자고 할 거야.

25 안내장(알림장)을 두고 왔을 때

 유경 : 차 쌤, 학교에서 주는 안내장을 집에 안 가지고 가서 애를 먹을 때가 있어요.

 태호 : 오~, 모범생 유경이도 못 챙기는 것이 있네.

 유경 : 태호 넌 알림장이나 잘 챙겨.

 차 쌤 : 안내장이나 알림장을 두고 왔을 때 간단하게 해결하는 방법이 있단다.

안내장은 학교에서 집으로 보내는 것이고 알림장은 선생님이 아이나 부모님에게 알릴 내용을 적는 것이야. 안내장을 잘 챙기면 학교에서 하는 행사와 교육 활동 안내를 잘 받을 수 있고 알림장을 잘 챙기면 학급에서 벌어지는 학급 행사나 활동을 미리 알 수 있어. 안내장과 알림장을 잘 챙기면 학교생활이 더 즐거워질 수 있다는 것을 알아야 해.

1. 안내장(알림장)을 안 챙기고 소홀히 하면 어떻게 되나?

안내장에는 각종 설문 조사나 신청서가 있기 때문에 선생님은 아이들이 가져온 것을 모아야 해. 한두 명의 아이가 안 가져오면 다 가져올 때까지 선생님도 불필요한 신경을 써야 하고, 자주 안 가져오는 아이는 불성실한 아이라고 생각할지 몰라. 특히 알림장은 반 아이들이 꼭 해야 할 일을 적기 때문에 매일 확인하는 습관을 들이도록 해.

2. 안내장은 L자 투명 파일철을 이용하면 편리하다.

안내장은 A4 용지로 나가기 때문에 L자 투명 파일철을 이용하면 구겨지지 않고 잘 보관할 수 있어. 가격도 저렴하니까 학기 초에 몇 개를 구입해서 활용하면 좋아.

3. 알림장은 스마트폰을 이용해 보자.

요즘 많이 가지고 다니는 스마트폰에는 달력 모양으로 생긴 일정 관리하는 어플리케이션이 기본적으로 설치되어 있어. 고가의 스마트폰을 전화나 문자, 게임기로만 쓰지 말고 매일 알림장의 내용을 스마트폰에 기록한다면 알림장 공책을 대신해서 스마트한 학교생활에 도움이 될 거야.

▶▷ 안내장(알림장)을 두고 왔을 때 선생님 사용법

안내장은 학교 홈페이지를 적극 활용하자.

학교 홈페이지를 찾아가 보면 학교 행사와 공지 사항, 알림 내용이 가득 있어서 잘 활용하면 아주 좋아. 특히 홈페이지에 있는 '가정통신(문)'은 학교에서 보내는 알림장을 날짜별로 올려 두니까 잊어버리고 안 가져왔을 땐 찾아보거나 다운 받으면 돼.

알림장은 친구에게 물어보자.

학급 홈페이지에 매일 알림장을 올려 두는 반이라면 인터넷으로 확인하면 되지만 알림 공책에만 적는 반이라면 친한 친구에게 먼저 물어보자. 알림장 내용을 물어볼 만한 친한 친구 전화번호를 알아 두면 다른 때라도 서로 도움을 주고받을 수 있을 거야.

"○○야, 내가 알림장을 안 가지고 왔어. 내일 뭘 준비해야 하는지 가르쳐 줄래?"

휴대 전화가 있으면 문자를 보내는 것도 괜찮겠지?

선생님께 연락해 보자.

학교 홈페이지 찾아보기, 친구에게 연락하기로도 안내장(알림장)의 내용을 알 수 없으면 선생님께 연락해 봐. 전화를 할 때는 오후 5시 이전에 하는 게 좋아. 만약 늦더라도 9시 이전에 전화하도록 하자.

"선생님 죄송합니다. 안내장(알림장)을 안 가져왔어요. 내일 뭘 준비하면 되나요?"

이렇게 말씀 드리면 선생님이 알려 줄 거야. 전화가 안 되면 문자로 연락해도 괜찮아. 선생님께 연락하는 자세한 방법은 [33. 선생님께 연락(전화, 편지)할 때(147쪽)] 편을 살펴보도록 해.

26 물건을 잃어버렸을 때

 태호 : 큰일 났다. 점퍼를 두고 왔어.

 유경 : 어떻게 하니? 어디다 뒀는지 기억해?

 태호 : 잘 모르겠어. 하지만 찾아야 하는데 어떻게 해야 할까? 차 쌤에게 물어보자.

1. 잃어버린 물건의 종류에 따라 찾는 방법도 다르다.

물건을 잃어버리면 찾지 못하는 경우도 많이 있기 때문에 아이 스스로 소지품을 잘 보관하는 것이 중요해.

: 돈 – 거의 못 찾아. 그래서 학교에는 꼭 필요한 돈이 아니면 가지고 오지 않는 것이 좋아. 비상금이라면 가방 깊숙한 곳에 보관해 두도록 해.

: 휴대 전화 – 비교적 고가이기 때문에 찾으면 아이들이 교무실이나 선생님 연구실에 가져오기도 해. 전원이 켜져 있으면 친구의 전화를 빌려 자기 휴

대 전화로 전화를 걸어 찾아볼 수도 있어.

: 학용품 – 학용품은 수업 시간 이후에 잘 챙기지 않아서 잃어버리는 경우가 대부분이고 이름을 써 놓지 않으면 거의 못 찾아. 오히려 잃어버린 아이조차 찾으려 하지 않는 경우도 많아.

: 점퍼, 겉옷 – 보통 체육 시간 끝나고 잃어버리는 경우가 많기 때문에 운동장이나 강당을 찾아봐. 거기에도 없으면 학교 유실물 보관소를 찾아가도록 해.

: 신발, 실내화 – 이건 다른 아이들이 장난으로 숨기기를 해서 못 찾는 경우가 많아. 아이가 신발을 잃어버리고 집으로 가면 선생님과 부모님 모두 걱정을 많이 하기 때문에 장난으로라도 다른 아이의 신발을 숨기거나 버리는 일은 절대 하면 안 돼. 잃어버린 신발은 주로 화장실이나 운동장, 휴지통에서 발견되기도 해.

: 가방 – 고학년은 거의 없고 저학년 아이들이 잃어버리곤 하는데 가방 속에 학년, 반, 이름이 적혀 있는 학용품이 있으면 금방 찾을 수 있어.

2. 물건을 잃어버렸을 때 찾아보는 순서

자기가 입고 있는 옷부터 찾아보고 그 다음에 가방을 찾아. 그런 후에 책상 속과 사물함을 찾도록 해. 그런 후에 마지막까지 사용했던 곳을 기억해서 그곳을 찾아봐.

마지막으로 유실물 보관소가 있다면 찾아보고 없으면 선생님께 말씀 드리도록 해.

▶▷ 물건을 잃어버렸을 때 선생님 사용법

선생님이 찾는 것을 도와줄 수 있다.

물건을 잃어버리고 나서 선생님께 말씀 드려도 반드시 찾을 수 있는 건 아니야. 대신 물건을 잃어버렸을 때 찾아보는 순서에 따라 노력을 했다는 이야기를 한다면 혼내기보다 위로해 주며 같이 찾아봐 줄 거야.

"선생님, ○○을 잃어버렸어요. 옷, 가방, 책상, 사물함 다 찾아보고 유실물 보관소도 다녀왔는데 없어요. 어떻게 하죠?"

대신 잃어버려 실망스러워도 울음은 참고 또박또박 이야기해 줘.

○○가 가져간 것 같아요 : 확실할 때만 말하자.

단순히 물건을 잃어버린 일이라면 선생님도 같이 찾는 데 집중하겠지만 다른 아이가 가져갔다고 하면 사소한 일이 아니기 때문에 선생님은 몹시 걱정스러울 거고, 가져간 아이를 찾으려고 할 거야.

그래서 확실하게 다른 친구에게 들었거나 아이가 직접 본 것이 아니라면 "○○가 가져간 것 같아요."란 말은 하지 않는 것이 좋아.

27 선생님께 물건을 빼앗겼을 때

유경 : 어라? 태호, 너 왜 그리 시무룩해 있어?

태호 : 내가 아끼는 물건을 선생님이 가져가 버렸어.

유경 : 선생님이 태호의 물건이 탐나서 빼앗아 가지는 않았을 거야. 뭔가 이유가 있지 않을까?

1. 어떤 경우에 선생님은 아이의 물건을 뺏을까?

아이도 사생활이 있기 때문에 어지간해서는 개인적인 물건을 빼앗지는 않아. 물건을 빼앗겼다는 것은 선생님이 아이에게 주는 큰 경고라는 것을 알아야 해.

: 안전에 문제되는 물건

비비탄총, 뾰족하거나 날카로운 물건(학습용 칼, 가위 제외), 콩알탄 같은 화약 종류, 장난감 칼과 같은 물건은 수업 시간은 물론이고 쉬는 시간에라도 선생님이 보면 가지고 놀지 못하게 하고 빼앗을 거야.

: 수업에 방해되는 물건

　수업 활동과는 상관없는 물건, 지우개 부수기, 종이 찢기, 샤프심 조각내기 등 수업 시간에 집중하지 않고 딴짓을 할 때 사용하는 물건은 버리게 하고 장난감과 같은 물건이라면 빼앗기도 해.

: 다른 아이에게 방해되는 물건

　공놀이용품이나 소리가 큰 장난감 등을 교실이나 복도에서 사용한다면 빼앗길 수도 있어.

2. 아이가 선생님에게 물건을 빼앗기는 과정

아이는 물건을 빼앗기면 부끄럽고 기분이 나빠질 수도 있어. 이건 빼앗는 선생님도 그리 기분 좋은 일은 아니야. 그래서 선생님은 주의와 경고를 차례대로 주는 경우가 많아.

: 주의를 준다.

먼저 선생님은 아이에게 주의를 주지. 이때는 이유를 말해 주고 멈추고 가방에 넣으라고 할 거야.

"위험하다. 가지고 놀지 말거라.", "수업에 방해된다. 하지 말거라(버리거라).", "교실에서 하면 안 된다. 운동장에서 해라."

: 주의가 통하지 않을 때 경고를 준다.

경고는 주의보다 조금 더 강한 거야.

"저번에 주의를 줬지? 계속하면 빼앗을 수밖에 없어."

주의를 들은 상태라면 이건 아이에게 확실한 경고를 하는 거야.

: 주의와 경고가 통하지 않으면 결국 빼앗는다.

"더 이상 안 되겠다. 이리 가지고 오너라."

주의와 경고를 받고도 아이의 행동이 변하지 않으면 선생님은 아이의 물건을 빼앗을 수밖에 없어.

▶▷ 물건을 빼앗겼을 때 선생님 사용법

아이가 불필요한 물건을 가지고 오지 않는 것이 가장 좋지만 혹시 물건을 빼앗겼을 때라도 선생님을 대하는 방법이 있어.

주의나 경고 단계에서 멈추자.

선생님께 주의나 경고를 받았을 땐 멈추고 잘못을 인정하는 것이 가장 좋아.

"선생님, 죄송합니다. 집에 가져가겠습니다."

선생님이 주의를 주는 이유를 모른다면 물어봐도 괜찮아.

"선생님, 왜 못 하게 하시는지 이유를 알려 주시면 좋겠습니다."

예의를 갖춰서 물어보면 이유를 설명해 줄 거야.

빼앗겼을 땐 변명이나 불만은 금물이다.

아이가 주의와 경고를 이미 받은 상태에서도 물건을 놓지 않으면 선생님은 물건을 빼앗을 거야. 이때 변명과 불만을 표시하지 말고 "선생님, 정말 죄송합니다. 제가 잘못했습니다." 이렇게 대답하도록 하자.

빼앗긴 물건을 돌려받고 싶을 때

: 이삼일은 기다려라.

선생님은 물건을 빼앗긴 아이가 반성을 하고 수업이나 학교생활에 충실한지 먼저 볼 거야. 그래서 빼앗긴 날 바로 돌려 달라고 하면 오히려 잔소리를 더 들을지도 몰라. 최소한 이삼일 후에 선생님께 여쭈어 보는 게 좋아.

"선생님, 이제 저의 물건을 돌려주시면 안 될까요?"

물론 선생님의 허락은 아이의 태도에 따라 달라진다는 걸 잊지 마.

: 선생님께 진심으로 용서를 빌어 보자.

선생님은 아이가 잘못을 인정하는가 안 하는가를 중요하게 생각해. 방과 후에 청소를 마치고 선생님과 둘만 있을 때 말씀을 드리거나 정성껏 쓴 사과의 편지를 드리면 받아들여 줄 거야.

28 학교나 교실의 물건을 망가뜨렸을 때

태호 : 헉! 어떻게 하지? 유리창을 깨 버렸어.

유경 : 거 봐. 친구들이랑 장난치지 말랬잖아.

태호 : 아냐. 체육 수업 중에 내가 공을 좀 세게 찼을 뿐이야. 억울해.

차 쌤 : 다친 사람은 없었니? 다친 애들이 없다면 일단 다행이구나.

1. 수업 시간에 물건이 망가진 경우

체육 수업 중에 아이가 찬 공이 날아가 유리창을 깨뜨린 경우나 과학 실험 중에 부주의로 인해 실험 도구가 부서진 경우, 청소 시간에 화분을 떨어뜨려 깨진 경우 등이 해당돼.

고의가 아닌 실수인 경우, 선생님은 다친 아이가 없는지 확인하고 크게 잔소리하지 않아.

2. 아이들끼리 장난치다 망가진 경우

선생님은 역시 다친 아이가 없는지 확인을 먼저 한 후 장난친 아이를 불러 혼을 내지.

특히 교실이나 복도에서 공을 차다가 유리창이 깨지는 경우가 많은데 이럴 때는 장난친 아이들이 유리창 값을 물어내야 해.

3. 고의로 부수는 경우

아무리 화가 나도 고의로 물건을 부수거나 유리창을 깨뜨리면 선생님도 아주 놀라고 크게 걱정하지. 이런 경우는 거의 부모님께 연락하고 선생님과 상담을 할 거야. 당연히 책임도 아이에게 있기 때문에 변상해야 해.

▶▷ 학교나 교실의 물건을 망가뜨렸을 때 선생님 사용법

선생님은 아이가 다치지 않았는지 가장 걱정한다.

물건이 부서졌을 때 선생님이 가장 걱정하는 건 아이가 다치지 않았을까 하는 거야.

특히 날카로운 조각이 많이 생기는 유리 제품, 화분, 유리창이 깨지면 더 위험해. 아이들이 웅성거리고 몰려들면 선생님은 큰 소리를 내서라도 물건이 부서진 주위에 아이들이 몰려들지 않도록 하지.

선생님이 없을 때 다쳤다면 선생님께 빨리 알려라.

둘 이상의 아이와 장난치다 물건이 부서졌으면 그중 한 명이 선생님을 찾아 모셔 와.

"선생님, ○○가 깨졌어요. 제 잘못이에요. 도와주세요."

담임 선생님이 아니더라도 근처에 있는 어떤 선생님이라도 주변 정리를 도와

줄 거야. 잔소리를 듣는 건 피할 수 없지만 선생님께 일찍 알릴수록 잔소리의 강
도가 아주 낮아지지.

깨진 유리는 혼자 치우지 말고 지키고 있어라.
깨진 유리창이나 부서진 유리병은 그 자체도 위험하고 눈에 보이지 않는 작
은 알갱이가 피부를 다치게 할 수 있기 때문에 섣불리 치우려 하지 말고 다른
아이들이 건드리지 않도록 지키고 있어. 대신 선생님이 청소할 때 도움이 되는
빗자루, 쓰레받기, 휴지, 물티슈, 고무장갑 등을 챙기면 역시 잔소리의 강도를
낮출 수 있어.

책임을 떠넘기지 말고 잘못을 빨리 인정하는 것이 좋다.
"선생님, 죄송합니다. 제가 실수로(친구와 장난치다) 깨뜨렸어요."
실수는 물론이고 장난치다 깨뜨린 경우 빨리 잘못을 인정하는 것이 좋아. 수
업 중 활동을 하다 깼으면 별 잔소리가 없을 것이고 장난치다 유리창을 깼으면
선생님은 부모님께 연락할 거야. 대신 아이의 편에 서서 이야기해 줄 거야.
"○○가 유리창을 깼어요. 다치진 않았고요. 고의가 아니라 친구들과 장난치
다 그랬다는군요. 얼른 잘못을 인정하고 반성하네요. 너무 큰 걱정은 마세요."

선생님과 함께 뒷정리를 한다.
실수든 장난이든 반성한 후에는 행동으로 보여 드리는 것이 좋아. 선생님과
함께 뒷정리를 한다면 선생님도 놀란 마음을 가라앉히고 다독여 줄 거야.
"○○가 실수한 모양이구나. 대신 다음부턴 조금 더 주의하도록 하자."

29 청소를 할 때

 유경 : 태호 너 어제 청소 안 하고 그냥 갔지?

 태호 : 아냐. 난 단지 내가 할 일만 하고 갔을 뿐이야.

 차 쌤 : 얘들아, 싸우지 말고 청소에 대한 차 쌤의 이야기를 좀 들어 보렴.

1. 청소도 공부다.

교실을 청소하는 것이 공부에 도움이 된다는 건 몰랐지? 공부 잘하는 아이는 청소도 잘해. 청소 방법은 선생님이 직접 가르쳐 주기도 하지만, 설명을 듣고 따라 해 보면서 아이 스스로 익혀야 하는 것도 많기 때문에 공부를 하는 방법이나 원리와도 깊은 관계가 있어.

단순히 쓸고 닦는 일만이 청소가 아니라 청소하는 방법과 순서, 재활용 물품의 분류, 청소 용구의 정리는 그 자체가 문제를 해결하는 능력을 키울 수 있는 공부란 걸 알아 둬.

2. 내 주변부터 정리하자.

책걸상 주변, 사물함, 신발장 등 자기가 직접 사용하는 곳은 청소 시간이 아니라도 언제든 정리하는 습관을 들이면 청소가 쉬워져.

3. 제대로 버리기만 잘해도 청소의 반은 한 셈이다.

교실의 휴지통 주변이 지저분한 건 아이들이 함부로 쓰레기를 휴지통에 던져서 그래. 가정에서와 마찬가지로 학교에서도 재활용을 하기 때문에 종이, 플라스틱, 깡통 등은 학교 분리수거하는 곳에 버리도록 해.

4. 물티슈를 준비하면 꽤 편리하다.

사물함에 물티슈를 넣어 두고 책상이 더러워졌을 때 사용하면 좋아. 생각보다 책상 위는 지우개나 연필 가루 등으로 더러워지기 쉬워. 특히 미술 수업을 하고 나면 물감 자국을 지우는 데 유용하게 쓰일 거야. 평소엔 하루에 한 장 정도면 항상 깨끗한 책상을 유지할 수 있지.

▶▷ 청소를 할 때 선생님 사용법

청소 시간에 열심히 하면 선생님이 매우 좋아한다.

선생님은 시험 점수 잘 받는 것보다 평소 청소를 열심히 하는 아이를 더 좋아해. 평소 수업 시간에는 까불거리면서 장난치다 잔소리를 듣는 아이라도 청소를 열심히 하면 선생님도 달리 보지.

선생님은 청소하는 것으로 아이를 테스트해 보기도 한다.

"재활용품을 정리해서 각각 나누고 봉투에 따로 넣어 분리수거를 해 줄래."

"책상 줄을 맞춰 봐."

"칠판을 닦고 정리를 부탁해."

"밀대 걸레로 바닥을 닦고 뒷정리를 해 줄래?"

아이가 선생님이 하는 말을 잘 알아듣는지, 성실한지, 하려는 의지가 있는지, 책임감은 있는지 알아보기 위해 선생님은 꼭 청소 시간이 아니더라도 청소를 시켜 보면서 간단한 테스트를 해 보기도 해.

청소 방법을 모르면 물어보고 하자.

집에서 전혀 청소를 안 해 본 아이도 선생님의 청소 설명을 듣거나 다른 아이가 하는 걸 관찰해 보면 할 수 있어. 하지만 대충대충 청소하는 시늉만 내면 6학년이 되어서도 휴지통을 비워서 쓰레기 봉지에 넣는 간단한 것도 못하게 돼.

"선생님, 책꽂이의 책은 어떻게 정리할까요?"

"선생님, 여기 있는 종이는 어떻게 치우면 되나요?"

청소하는 것도 요령이 필요하기 때문에 방법을 잘 모르면 선생님께 물어봐.

혼자 다했다고 가지 말자.

게으르거나 배려심이 부족한 아이는 자기가 해야 할 것만 하고 빨리 가려고 해. 바닥을 닦거나 걸레를 빨고 청소 도구를 정리하는 등 뒷정리를 하는 아이는 조금 더 시간이 걸려. 함께 청소했던 아이들과 같이 가도록 하자. 먼저 가 버리면 청소하고도 친구들과 선생님이 불성실한 아이라고 오해할 수도 있거든.

청소 시간은 선생님과 친해질 수 있는 좋은 기회다.

열심히 청소하는 아이는 선생님이 좋아한다고 했지? 청소를 할 때나 끝나고 난 뒤 평소 어렵게 생각했던 선생님이 농담도 하고 친하게 느껴진다면 아이는 청소를 열심히 해서 선생님의 마음에 든 거야. 아이도 선생님께 평소 궁금했던 거나 고민을 이야기하면 아주 잘 들어 줄 거야.

30 가정에서 여행이나 현장 체험 학습을 가야 할 때

 태호 : 차 쌤! 이번에 아빠 휴가 때 제주도 가족 여행을 가기로 했어요.

 차쌤 : 태호는 좋겠네. 잘 다녀와.

 유경 : 근데 주말이 아닌 평일에 가면 태호는 결석인가요?

 차쌤 : 그건 아냐. 현장 체험 학습을 신청하면 7일 안에는 출석으로 인정받을 수 있어.

1. 현장 체험 학습은 어떤 경우에 출석으로 인정될까?

　가족 행사나 부모님과 함께 여행을 가는 경우에는 현장 체험 학습으로 인정해서 1년 동안 7일 안에는 출석으로 인정받을 수 있어.

　공휴일이나 토, 일요일은 빼고 학교 오는 날 기준으로 7일이야. 한 번에 다 쓸 수도 있고 1년 동안 나눠 쓸 수도 있지.

2. 현장 체험 학습을 가려면 어떤 절차가 필요할까?

　현장 체험 학습 신청서를 선생님께 제출하고 다녀오고 난 뒤에는 현장 체험 학습 보고서를 제출하면 돼.

3. 현장 체험 학습 신청서와 보고서는 어떻게 쓰는 걸까?

　학교 홈페이지에서 양식을 다운 받아 쓰거나 선생님이 양식을 줄 거야. 신청서는 언제, 어디를, 누구와 함께, 무엇을 할 것인지를 한 장 정도에 간략히 쓸 수 있도록 되어 있어. 보고서는 비교적 자유롭게 다녀온 곳에 대한 설명이나 느낌을 기행문을 쓰듯이 작성하면 돼.

▶▷ 현장 체험 학습을 가야 할 때 선생님 사용법

<u>최소한 3일 전 혹은 일주일 전에 신청서를 내자.</u>

"선생님, ○월 ○일부터 3일간 가족 여행을 가게 되었어요. 현장 체험 학습 신청을 하고 싶습니다."

일주일 전에 선생님께 말씀 드리면 현장 체험 학습 신청서를 줄 거야.

아이가 제출한 신청서는 교장 선생님께 보고를 드려야 출석으로 인정받을 수 있기 때문에 출발하는 당일에 알리면 결석이 될 수도 있어.

<u>신청서는 부모님이, 보고서는 아이가 쓰자.</u>

부모와 동반한 경우에만 출석 인정이 되기 때문에 받아 온 신청서는 부모님이 작성하는 것이 좋아. 그리고 보고서는 아이가 써야 돼. 그래야 선생님은 현장 체험 학습을 다녀온 아이가 마냥 놀지 않았다고 생각할 거야.

<u>못 한 공부는 스스로 해야 한다.</u>

현장 체험 학습은 출석이 인정되지만 그동안 못 한 학교 공부는 아이 스스로 해야 해. 돌아와서 국어, 수학, 사회, 과학을 중심으로 어디까지 진도가 나갔는지 선생님께 물어봐. 아마도 학습에 충실한 아이라고 기특하게 생각하고 간단히 할 수 있는 복습 활동을 도와줄 거야.

<u>선생님과 아이들 선물은 NO</u>

아이는 여행을 다녀와서 좋은 뜻으로 기념품이나 선물을 선생님이나 친구들에게 주려고 하지만 불필요한 오해가 생길 수 있기 때문에 하지 않는 것이 좋아. 가족들과 더 친해지도록 가족 행사나 여행 그 자체에 집중하고 즐겁게 지내는 것이 더 큰 체험 학습이야.

31 학교에서 현장 학습(수학여행)을 갈 때

 태호 : 야호! 내일은 즐거운 현장 학습이야.

 차 쌤 : 내일 현장 학습을 무사히 잘 다녀와야 할 텐데…….

 유경 : 차 쌤은 현장 학습 가는 게 즐겁지 않은가 봐요?

 차 쌤 : 학교를 벗어나 야외 학습을 한다는 건 즐겁지만 혹시나 아이가 아프거나 다치지 않을까 걱정되기도 해.

1. 현장 학습이나 수학여행을 대하는 선생님의 생각

   ː 안전하게 다녀와야 한다.

   학교 밖으로 버스를 타고 가는 경우에는 더욱더 안전에 민감하게 신경 쓰지. 버스에서 안전띠를 안 매고 돌아다니거나 질서를 지키지 않고 혼자 행동하지 않도록 주의해야 해.

   ː 노는 것이 아닌 공부의 연장이다.

현장 학습이나 수학여행 일정을 정할 땐 해당 학년의 교과 내용과 연결된 곳으로 가서 책으로만 배웠던 것을 실제 체험하거나 관찰하게 하려고 한단다. 아이들이 잘 살펴보고 배우는 것이 있었으면 하는 마음이지.

: 무척 피곤하다.

야외에서 활동하는 것을 아이들은 무척 즐거워하지만 아이들의 안전한 활동에 신경 쓰다 보면 선생님은 평소보다 무척 지치고 피곤하단다. 선생님이 육체적으로 피곤하게 되면 안전 사항을 지키지 못하는 아이나 마음대로 행동하려는 아이에게 평소보다 더 잔소리를 할 수 있고 반대의 경우, 특히 뒷정리를 잘하고 질서를 잘 지키는 아이일수록 더 많은 칭찬을 들을 수 있지. 선생님은 그런 아이를 고맙게 생각하고, 성실한 아이로 생각한단다.

2, 현장 학습이나 수학여행 가는 아이들이 해야 할 일

: 질서를 지켜야 할 때와 놀 때를 구분하자.

버스를 타고 내릴 때, 목적지에 도착해서 입장하거나 퇴장하기 위해 모일 때는 꼭 선생님께 집중하고 질서를 지켜 주면 아이의 자유 시간이 늘어나.

: 뒷정리를 잘하자.

즐겁게 식사를 한 뒤, 혹은 간식을 먹은 다음에는 꼭 뒷정리를 해야 해. 작은 비닐 봉지를 가지고 가서 쓰레기를 담아 가방에 넣어 가지고 돌아오면 돼.

: 안내판만 잘 봐도 공부가 된다.

유적지를 갈 경우에는 입구에 큰 안내판과 배치도가 있고 유물들마다 안내판이 설치되어 있어. 대략적인 설명이 되어 있으니 조금만 시간 내서 읽어 보면 공부가 된단다.

∶ 홈페이지를 미리 찾아보고 가자.

'아는 만큼 볼 수 있다'는 말 알지? 현장 학습을 가는 곳에 오래 머물 수 없기 때문에 홈페이지를 통해 자세한 정보를 알고 가면 더욱 좋아.

▶▷ 현장 학습(수학여행) 갈 때 선생님 사용법

출발 시간은 꼭 지키자.

현장 학습은 물론이고 특히 수학여행은 멀리 가기 때문에 아침 일찍 출발하는 경우가 많아. 한 명이라도 늦게 오면 차는 출발하지 못해. 그러면 전체 일정이 늦어지는 것은 물론이고 기다리는 선생님도 애가 탄단다.

선생님 휴대 전화 번호를 입력해 두자.

선생님이 가장 중요하게 생각하는 건 안전과 시간 지키기지. 들뜬 마음에 친구들과 놀다 보면 어디서 모이는지 까먹을 때가 있지. 휴대 전화가 있다면 선생님 번호를 입력해서 항상 연락할 수 있도록 해 봐.

뒷정리할 때 적극적으로 하자.

점심 식사를 하거나 간식을 먹고 난 자리는 꼭 정리해야 해. 야외에 나오면 들떠서 잊어버리는 아이가 많아. 이럴 때 뒷정리에 적극 참여하는 아이는 선생님이 아주 고마워하고 눈여겨볼 거야.

몸이 안 좋으면 선생님께 꼭 알려 줘.

차를 타고 가다 보면 멀미할 때도 있고, 과식해서 배탈이 나는 경우도 종종 있어. 선생님이 비상 약품을 준비해 가니까 필요할 때 도움 받을 수 있어.

32 학교에서 휴대 전화를 사용할 때

 태호: 야호! 이번에 처음으로 휴대 전화가 생겼다. 이제 언제 어디서나 게임을 할 수 있겠군.

 유경: 좋겠네. 이젠 문자 메시지로 너한테 연락할 수 있겠다.

 차쌤: 잠깐만! 학교에서 휴대 전화를 사용하려면 꼭 알아 둬야 할 것이 있어.

1. 선생님이 아이의 휴대 전화 사용 때문에 걱정하는 이유

: 공부에 방해되고 게임이나 문자 메시지에 너무 열중할지 모른다?

실제 휴대 전화를 사용하는 많은 아이들이 학교에서 게임이나 카톡에 열중하지. 휴대 전화는 통신 기구이자 중독성이 강한 놀이 기구란 점이 문제지.

: 학교 폭력의 도구가 되지 않을까?

문자 메시지나 발신자 표시 제한 번호를 이용해서 욕설이나 비난을 주고받거나 장난을 넘어서 매우 위험한 학교 폭력의 도구가 되지 않을까 걱정해.

2. 스마트폰을 유용하게 활용할 수 있다.

요즘 스마트폰은 전화나 문자 메시지뿐만 아니라 다양한 어플리케이션(어플)을 이용할 수 있고 인터넷에도 접속할 수 있어 손안의 작은 컴퓨터와 같아. 학교생활을 할 때 스마트폰을 활용할 수 있는 방법을 알아보자.

: 알림장을 대신할 수 있다.

스마트폰에는 메모장, 달력 등이 있는데 여긴 간단한 내용을 적어 넣을 수 있어. 날짜별로 적어 두면 자신의 일정을 관리할 수 있지. 시간표와 메모도 정리할 수 있고 알람 기능도 있어서 해야 할 일을 잊어버리지 않게 해 주지.

: 카메라를 활용해 보자.

구형 휴대 전화라도 카메라가 있지? 칠판에 적혀 있는 간단한 알림, 적기는 애매한 것, 관찰한 것을 기록해 놓고 싶을 때 휴대 전화 카메라는 아주 유용하게 사용할 수 있어. 특히 5, 6학년 미술 시간에는 사진도 배우니까 값비싼 카메라가 아니더라도 충분히 수업에 활용할 수 있지.

: 만능 사전으로 이용해 보자.

스마트폰은 물론이고 구형 휴대 전화도 사용 가능해. 공부하다 모르는 단어는 꼭 찾는 버릇을 들이는 것이 좋아. 그땐 두꺼운 사전보다 휴대 전화가 훨씬 유용하게 사용될 수 있을 거야.

: 조사 학습, 협동 학습의 보조 자료로 쓸 수 있다.

사회나 과학 시간에 간단한 자료를 조사하는 데 사용할 수 있고 여러 명이 모바일 인터넷으로 모은 자료로 협동 학습을 할 수도 있지.

▶▷ 휴대 전화를 사용할 때 선생님 사용법

휴대 전화는 어떻게 사용하느냐에 따라 악마의 도구가 될 수도 있고 스마트한 생활과 학습의 도구로 사용될 수도 있어.

휴대 전화 사용은 선생님과 약속으로 정하자.

대부분의 학교는 휴대 전화 사용에 대한 규칙이 있을 거야. 그래서 원칙적으로 학교에서는 휴대 전화를 쓰지 못하게 할 거야. 하지만 일과 시간 중에 활용한다면 꼭 교육적인 이유로 사용할 수 있도록 규칙을 만들어 놓는 것이 좋아.

약속을 어기고 휴대 전화 사용 규칙을 어기면 선생님이 곤란해진다.

보통 학교에는 휴대 전화 사용 규칙이 있을 거야. 같이 지켜 나가야 할 규칙을 어기고 게임이나 카톡 등을 사용하다 걸리면 선생님이 그 아이를 혼낼 수밖에 없어.

아이는 아마 이런 생각을 하며 휴대 전화를 사용할 거야.

'○○는 수업 시간에 몰래 게임하는데 나도 해야지.'

'○○도 휴대 전화 사용 규칙을 어기는데 뭐 어때.'

휴대 전화는 수업과 학교생활에 꼭 필요할 때만 써야 하기 때문에 선생님은 휴대 전화 사용 규칙을 어기면 꽤 엄하게 잔소리를 할 수밖에 없는 거지.

선생님의 눈치를 본다면 좋은 방향으로 쓰는 것이 아니다.

휴대 전화 사용을 어떻게 해야 할지, 해야 할지 말아야 할지 헷갈린다면 선생님께 물어보고 사용하는 것이 좋아. 하지만 선생님의 눈치를 보면서 한다면 그건 교육적으로 스마트하게 사용하는 것이 아니라 뭔가 수상한 것이겠지? 알림장을 적기 위해 휴대 전화를 사용하는 아이는 선생님의 눈치를 보지 않는단다.

33 선생님께 연락(전화, 편지)할 때

차 쌤 : 이번 방학 때 태호랑 유경이가 선생님께 편지를 보냈더구나.

유경 : 선생님이 잘 지내시는지 궁금해서 편지를 썼어요.

태호 : 차 쌤, 저의 편지도 감동적이었죠?

차 쌤 : 너무 감동적이더라. 선생님 잘 지내시나요? 저도 잘 있어요. 그럼 잘 지내세요. 딱 세 줄이더군.

방과 후나 주말, 방학 때 선생님과 연락을 주고받을 일이 있을 거야. 아이가 선생님께 연락할 때 몇 가지 지켜 주면 좋은 점을 먼저 알려 주도록 할게. 선생님은 아이를 도와주는 어른이지만 친구는 아니기 때문에 기본예절을 지켜야 더 잘 도와줘.

1. 어떤 경우에 연락을 하면 좋을까?
: 모르는 것이 있을 때

　모르는 것이 있으면 물어볼 수 있어. 하지만 알아볼 만큼 알아보고 난 후 그래도 모를 때 연락하도록 해.

　[숙제를 할 때(60쪽), 안내장(알림장)을 두고 왔을 때(122쪽)]를 참고해.

　: 건강에 문제가 있거나 집안에 일이 생겼을 때

　갑자기 아프거나 다쳐서 학교를 못 나올 경우나 집안에 어른이 돌아가셔서 학교를 못 나올 때에 해당돼. 방학 때라도 사고가 나거나 건강이 안 좋아졌을 때에는 선생님께 연락해야 해.

　: 남에게 말할 수 없는 고민이 있을 때

　선생님께 고민을 털어놓고 싶은데 용기가 잘 안 나지? 그럴 땐 선생님께 연락할 수 있어. 전화보다는 편지나 이메일(email)이 좀 더 좋을 거야.

2. 선생님의 연락처는 어디에 있나?

보통 학기 초에 선생님은 전화번호와 이메일 주소와 같은 연락처를 알려 주는 경우가 많아.

건강이 안 좋아 학교를 못 오거나 사고가 나서 경황이 없는 경우에는 학교로 연락하면 담임 선생님께 연락이 간단다.

부모님이 선생님과 통화하고 싶은 경우에는 학교에 해당 학반 학부모임을 알리고 통화하고 싶은 이유와 전화번호를 남겨 두면 담임 선생님이 연락할 거야.

▶▷ 선생님께 연락할 때 선생님 사용법

한 번 더 생각해 보고 꼭 필요할 때 연락하자.

'무슨 큰일이 생긴 건 아닐까?'

선생님이 밤늦게 반 아이로부터 연락을 받으면 걱정하는 마음으로 전화를 받는단다. 그러니 작은 궁금증을 가지고 선생님께 자주 연락하면 나중에 정말 필요할 때 도움 받기 힘들 수도 있어.

선생님께 전화할 때 표준 사용법

너무 늦은 시간에 전화하는 건 선생님이 아니라도 예의가 아니야. 대신 건강 문제나 사고가 생기거나 고민을 털어놔야 할 때는 늦더라도 꼭 연락해. 단 9시 이후라면 먼저 문자 메시지를 보내고 전화 드리는 것이 좋아.

예) 선생님, ○○입니다. 밤이 늦었지만 선생님과 통화하고 싶은데 괜찮을까요?

: 누구인지 밝히고 인사하기

예) 안녕하세요. 선생님, 저 ○○입니다. (방학이라면 안부 인사를 해도 된다 : 잘 지내셨어요?)

: 용건 말하기

선생님과 인사를 주고받은 후에 전화한 이유를 말하면 돼. 형식은 정해진 것이 없지만 또박또박 이야기하는 것이 좋아. 선생님과 전화하는 것이 익숙하지 않으면 내용을 간단하게 종이에 쓴 후에 보면서 이야기해도 좋아.

: 끝난 후 인사하기

전화로 해야 할 용건이 끝나면 마지막으로 인사를 하고 끊도록 해.

예) 궁금한 것 때문에 전화했을 때 : 선생님, 친절하게 알려 주셔서 감사합니다. 안녕히 계세요.

고민이 있어서 전화했을 때 : 고민을 들어 주셔서 감사합니다. 안녕히 계세요.

건강 문제로 전화했을 때 : 빨리 나아서 가도록 할게요. 안녕히 계세요.

선생님께 편지 쓸 때 표준 사용법

방학 때 태호처럼 편지를 쓴다면 받아 보는 선생님은 기쁘기보다는 어이가 없어서 이렇게 생각할 거야.

'정말 편지 쓰기 싫은가 보구나. 그런데 왜 썼니?'

편지를 쓰는 것도 전화를 하는 방법과 거의 같아.

전화와 약간 다른 점은 전화보다는 시간적인 여유가 있기 때문에 첫인사 후에 요즘 나에게 있었던 일을 적어 줄 수 있어.

그런 후에 가장 중요한 편지 쓰는 이유, 끝인사의 순으로 하면 돼. 편지는 쓴 아이의 마음에 들지 않으면 계속 수정할 수 있고 전화보다는 정성이 들어가기 때문에 주로 고민이 있거나 선생님께 감사함을 표현할 때 좋아.

선생님께 쓴 편지를 어디로 보낼지 모르겠다면 학반 이름을 써서 학교 주소로 보내면 선생님께 온단다.

요즘은 인터넷을 이용해서 이메일을 사용하기도 해.

선생님은 방학 때 안부 전화(편지, 이메일)를 받으면 기뻐한다.

긴긴 방학 동안 아이들이 건강하게 잘 지내는지 선생님도 궁금하단다. 방학 때 전화나 편지, 이메일로 방학 생활을 선생님께 알려 보자.

건강하게 잘 지내고 있다는 말에 선생님도 기뻐할 거야.

34 꾸중을 듣거나 벌을 받을 때

 유경 : 아이 짜증 나. 오늘 선생님께 꾸중 들었어.

 태호 : 웬일이니? 모범생 유경이가. 그 정도 가지고 뭘……, 난 어제 벌도 받았는걸.

 차 쌤 : 무슨 일로 꾸중 듣고 벌을 받았는지 모르겠지만 기분은 안 좋겠다. 하지만 선생님도 기분이 좋지 않다는 사실을 아니?

1. 꾸중과 벌을 주는 선생님 마음

"이제 네 잘못을 좀 인정해."

"더 이상 너의 행동을 허용할 수 없어."

"잘못을 했다면 그에 대한 벌을 받아야 해."

아이들을 꾸중하거나 벌을 줄 때 선생님의 마음도 좋지 않고 속상하단다. 상담이나 "이제 그만하자."와 같은 간단한 제지가 아닌 꾸중이나 벌은 선생님이 아이의 행동을 멈추게 하거나 반성하게 하는 마지막 수단이야.

2. 꾸중 듣는 아이의 단계

아이의 이야기를 들어 주는 것이 주가 되면 상담이 되고 아이의 잘못을 주로 꾸짖으면 꾸중이 되지. 꾸중에도 단계가 있어.

: 1단계: 가벼운 주의

예) ○○는 아직도 안 하고 있네. 그러다 못 하면 남아서라도 해야 할 텐데. 어떻게 할 거니?

: 2단계: 정색하고 짧게 제지하거나 질책하기

예) 이제 그만하라고 했지? 자리로 돌아가 앉아.

: 3단계: 적극적으로 꾸중하기

예) 더 이상 좋은 말로 해선 안 되겠구나. 선생님에게 혼 좀 나야겠어.

선생님이 적극적으로 꾸중하기를 한다면 이미 그 아이는 몇 번의 1단계와 2단계의 주의와 질책을 받은 상태라는 걸 알아야 해. 3단계에서도 해결이 안 되면 선생님은 부모님께 알릴지 결정할 거야.

3. 벌을 받는 아이의 단계

학교에서 선생님이 교실 뒤로 나가 서 있게 하는 것 같은 벌을 줄 때는 주로 뭔가를 강제로 못 하게 할 때란다.

꾸중을 듣는 단계와 마찬가지로 1단계의 주의와 2단계의 질책과 제지를 받은 아이가 반성이나 행동의 변화가 보이지 않을 때 선생님이 마지막으로 쓰는 것이 벌이야.

선생님은 아이에게 벌을 주면서 아이가 벌 받는 동안 행동을 멈추고 반성을 하느냐 안 하느냐를 주의 깊게 관찰하지.

4. 꾸중과 벌에 대한 오해

'다른 아이도 잘못했는데 왜 나만 꾸중을 듣고 벌을 받지?'

'선생님이 나만 미워하는 건 아닐까?'

아이는 꾸중과 벌을 받기 전에 몇 번이나 주의와 질책을 받은 것을 잊어버리는 경우가 많아. 선생님은 아이가 미워서 꾸중과 벌을 주진 않아. 같은 잘못을 했는데 어느 아이가 더 많이 꾸중을 듣는다면 평소에 주의와 질책이 쌓여서 더 많이 꾸중하는 거야.

▶▷ 꾸중을 듣거나 벌을 받을 때 선생님 사용법

<u>다른 아이의 잘못보다 자신의 잘못을 먼저 이야기하자.</u>

선생님이 꾸중이나 벌을 주는 가장 큰 이유는 아이가 반성하고 변화된 모습을 보였으면 해서야. 그래서 "저 아이도 잘못했는데요."라는 대답보다 "제가 잘못했습니다."라는 대답을 듣기 원하지. 아이가 자신의 잘못을 인정하지 않으면 선생님은 칭찬해 줄 수가 없어.

<u>건성으로 반성하면 큰코다친다.</u>

아이가 반성하면 선생님은 용서해 주어. 하지만 같은 꾸중이나 벌이 몇 번 반복되면 반성하는 아이의 모습이 진지해 보일지라도 선생님은 의심하게 돼. 선생님이 아이를 의심하게 되면 모든 일에 간섭하려고 할 거야. 그러니 건성으로 반성하는 척하고 뒤돌아서 같은 잘못을 계속하면 결국 대마왕으로 변신한 선생님을 보게 될지도 몰라.

<u>선생님께 혼났으면 교실에서 해결하자.</u>

선생님이 꾸중이나 벌을 주면 일단 받아들여야 해. 일단 아이는 자신의 행동을 반성해 보고 그래도 억울하다면 선생님께 정식으로 상담을 요청해서 이야기해 봐.

말로 하기 힘들면 생각을 글로 적거나 편지를 써 가면 좋아.

아마 아이가 스스로 문제를 해결하려고 노력하는 모습을 인정해 주고 미처 알지 못했던 아이의 다른 모습도 알려 줄 거야. 수동적으로 선생님과 억지로 상담하지 말고 적극적으로 자신의 이야기를 할 수 있도록 노력하다 보면 꾸중과 벌로 시작해도 용서와 격려로 끝이 날 수 있을 거야.

35 선생님이 남아서 상담하자고 할 때

태호 : 차 쌤, 선생님이 아이를 남겨서 상담하면 주로 무슨 이야기를 하나요?

차 쌤 : 일단 선생님이 왜 아이를 남으라고 하는지 이유를 알아야 하지 않겠니?

유경 : 하긴 선생님도 아이를 남겨서 상담하면 힘들 것 같아요.

차 쌤 : 선생님도 꼭 필요할 때만 남아서 상담하자고 하지.

1. 선생님은 왜 상담하려고 마음먹을까?

교실에서 선생님이 아이를 관찰하면서 뭔가 특이한 모습이 보이거나 어떻게 조언해야 할지 확신이 서지 않을 때 아이로부터 선생님이 궁금한 것을 직접 들어 보려고 하는 것이 상담이야. 아이의 개인적인 특성을 알고 있어야 선생님도 그 아이에게 상처 주는 말이나 행동을 하지 않을 것이고, 다른 아이들과도 잘 지내도록 도와줄 수 있지.

2. 주로 무슨 이유로 상담하나?

　⋮ 아이의 개인적인 것을 알아보려 할 때

예를 들면 아이의 건강 문제로 학교생활에 어려움이 없는지를 알아보려는 것이지. 특히 감추고 싶은 신체의 비밀이 있는 경우는 꼭 선생님이 알아야 도움을 줄 수 있어. 가족이나 가정에 대한 비밀을 지켜 주기 위해 남아서 상담하기도 해.

　⋮ 아이의 친구 문제를 알아볼 때

아이가 친구와 사이가 나빠지면 교실에서의 행동이 뭔가 어색해져. 그러면 선생님은 남겨서 이유를 알아보려고 할 거야.

　⋮ 아이가 선생님에게 뭔가 불만이 있다고 생각할 때

아마 이런 이유로 남아서 선생님이 상담하자고 하면 혼나거나 벌을 받지 않을까 아이가 미리 걱정하는 경우가 많아. 하지만 선생님은 아이가 정말 선생님을 싫어하는지 알고 싶어 상담을 하는 거야.

▶▷ 상담하자고 할 때 선생님 사용법

상담하는 건 혼내는 것이 아니니 겁내지 말자.

"오늘 남아서 선생님과 이야기 좀 하자."

선생님은 아이의 상태나 마음을 알고 싶고, 진솔하게 이야기를 듣고 싶기 때문에 상담을 하고 싶어 해. 하지만 아이는 방과 후에 남는 걸 좋아하지 않아. 그렇지만 다시 생각해 보면 오히려 아이가 선생님께 자신을 알릴 수 있는 좋은 기회야.

"제가 안 그랬어요.", "전 아무것도 몰라요", "전 아무 짓도 안 했어요."

선생님이 상담하자고 할 때 이런 말로 피해 가려 하면 손해란 걸 알아 둬.

자신의 이야기를 중심으로 하자.

선생님은 상담할 때 자기 이야기를 많이 하는 아이를 좋아해. 남에게 핑계 대는 아이를 만나면 한심하게 생각할지도 몰라.

고민을 털어놓으면 속이 시원하다.

상담을 한다고 해서 선생님이 다 해결해 줄 수는 없어. 하지만 어떻게 상담하느냐에 따라 선생님이 아이의 편에 서 줄 수 있을 거야.

고민을 다 털어놓고 나면 말하지 못해서 생겼던 울분이 좀 사라질 거야. 용기를 내서 고민을 털어놓도록 해.

저에게 이야기할 기회를 주셔서 감사합니다.

상담하는 아이가 상담을 시작할 때나 상담이 끝난 뒤에라도 이런 이야기를 한다면 선생님은 깜짝 놀랄 거야. 선생님은 아이의 속마음을 들어 보고 싶어 상담하는 것인데, 아이가 기다렸다는 듯이 감사함을 표현하면 선생님이 마음속으로 했던 걱정은 훨훨 날아가 버리고 아이를 믿음직스럽게 생각하게 되지.

36 부모님을 오시라고 할 때

 태호 : 아이코. 큰일 났다. 선생님이 부모님 오시라고 했어. 어쩌지?

 유경 : 또 무슨 잘못을 크게 저지른 거야?

 차쌤 : 선생님이 부모님과 이야기하겠다는 건 아이가 잘못을 했기 때문만은 아니야.

1. 선생님은 어떤 경우에 부모님과 이야기하려고 할까?

선생님도 학급에서 일어난 일은 아이들과 해결하기를 원해. 하지만 부모님도 알아야 할 상황이라고 생각되면 직접 전화를 드리거나 학교에서 상담을 하지.

: 아이의 행동이나 태도에 심각한 문제가 있을 때

아이가 선생님의 조언을 듣지 않으려고 하거나, 지속적으로 거짓말을 할 경우, 또는 다른 아이에게 피해를 주거나 피해를 받는 경우에 해당돼. 아마 이런 경우라면 몇 차례 선생님으로부터 주의와 질책을 들은 상태이고 몇 번의 개별 상담도 했을 거야. 선생님의 입장에서는 가장 마지막에 선택하는 방법이야.

: 아이에게 직접 묻기 어려운 것이 있을 때

앞 장에서 말한 건강이나 개인적인 이유로 인한 학교생활의 어려움, 가정의 문제가 있을 때, 아이와 개인적인 상담을 하고 난 뒤에도 문제점이 확실히 파악이 안 된다고 생각하면 부모님과 이야기하려고 할 거야.

: 아이의 특이한 재능이 발견되었을 때

예체능이나 교과 등에서 다른 아이들과 뚜렷하게 구별되는 능력을 가지고 있다고 생각되는 아이에게 대회 출전이나 더 깊이 있는 공부를 안내하기 위해 부모님과 이야기할 때도 있어. 평소 학교에서 선생님이 아이를 깊이 관찰한 후에 부모님과 상담하기 때문에 아이의 자질을 선생님이 높이 평가하는 거야.

2. 선생님은 부모님과 무슨 이야기를 할까?

　　: 선생님 : 아이의 객관적인 상황을 부모님께 이야기한다.

　학교나 교실에서 아이가 어떻게 행동하고 있는지 부모님은 볼 수 없기 때문에 무척 궁금해한단다. 학습 태도, 교우 관계, 선생님이 관찰한 아이의 모습, 아이의 장점과 단점 등을 선생님이 부모님께 알려 주지.

　　: 부모님 : 가정에서 어떻게 지내는지 선생님께 이야기한다.

　선생님도 아이가 가정에서는 어떻게 행동하는지 모르기 때문에 부모님의 이야기를 듣고 학교에서 어떻게 지도할지를 결정한단다.

　　: 선생님과 부모님은 서로 알고 있는 정보를 교환한다.

　선생님과 부모님이 학교에서 아이에 대한 상담을 한다는 건 아이에 대한 정보를 서로 주고받는 거야. 부모님이 자세한 정보를 제공해 주면 선생님은 아이 지도를 위한 참고 자료를 얻을 수 있지.

　아이의 뛰어난 재능 때문에 상담한다면 선생님과 부모님은 화기애애하게 이야기하겠지만 혹시 아이의 행동이나 태도에 문제가 있어 상담한다면 부모님은 매우 걱정하실지도 몰라.

▶▷ 부모님을 오시라고 할 때 선생님 사용법

　<u>선생님을 최대한 아이의 편으로 만들어라.</u>

　부모님과 상담하기 전에 선생님은 꼭 아이와 먼저 상담을 할 거야. 특히 행동이나 태도에 심각한 문제가 있다고 선생님이 생각하고 상담하는 경우라면 아이는 선생님께 솔직하게 자신의 이야기를 해야 해. 그래야 선생님은 아이의 입장을 충분히 이해하고 부모님께 말씀 드릴 거야.

이것이 선생님을 아이의 편으로 만드는 방법이지.

부모님이 오시기 전까지의 행동과 태도가 중요하다.

선생님이 부모님과 상담을 결심하고 부모님께 연락하더라도 며칠의 시간이 걸리기 마련이야. 그동안 어떻게 행동하느냐는 실제 상담에 있어서 부모님께 말씀 드리는 선생님의 태도를 바꿀 수 있어. 선생님과 부모님의 상담이 결정되었다면 최소한 수업 시간과 쉬는 시간에 특별히 행동과 태도에 더 신경 써 봐. 아마 오며 가며 선생님은 아이를 관찰하고 있을 테니까.

부모님께도 솔직하게 말씀 드리자.

아이에게 직접 묻기 어려운 것을 상담할 때와 같이 특별한 경우는 선생님과 부모님이 상담하는 걸 비밀로 할 수 있어. 하지만 부모님과 상담한다는 사실을 선생님이 알려 주면 아이는 집에서 부모님께 솔직하게 이야기를 하는 것이 좋아. 아이가 부모님께 솔직하게 잘못을 인정하고 상담의 이유를 말씀 드렸다면 상담 과정에서 선생님도 알아차릴 수 있어. 그러면 선생님은 아이의 편에 서서 부모님과 상담을 할 거야.

‖‖‖ **부모님과 선생님의 상담에 대한 차 쌤의 조언** ‖‖‖

재능이 발견되었을 때의 상담은 아이의 입장에서는 굉장히 좋은 기회야. 부모님도 기뻐하시고 선생님도 말하기 좋단다. 이런 경우 아이는 부모님께 하고 싶은 말을 선생님께 자세히 전달하면 상담 때 대신 이야기해 줄 거야. [부모님께 드리는 글]과 같은 편지를 적어서 아이의 요구사항이나 더 하고 싶은 것, 덜 했으면 좋은 것을 적으면 매우 효과적일 거야.

37 부모님을 설득하고 싶을 때

 유경 : 차 쌤, 학원 다니기 너무 힘들어요. 숙제가 너무 많아서 놀 시간도 없어요. 뭔가 좋은 방법이 없을까요?

 차쌤 : 유경이는 학교에서 공부하는 것만으로 충분할 텐데 왜 부모님은 학원을 보내려 하실까?

 태호 : 유경이가 학교에서는 열심히 하고 집에서는 말썽을 부리는 건 아닐까요?

 유경 : 아니야. 차 쌤이 가르쳐 준 방법대로 혼자 공부하려고 해도 부모님은 따로 학원을 더 다녀야 한대.

1. 왜 부모님은 아이에게 간섭과 잔소리를 할까?

고학년으로 올라갈수록 부모님은 아이가 스스로 잘했으면 하고 바란단다. 하지만 아이는 처음부터 잘할 수 없기 때문에 실수하거나 익숙하게 하지 못하지. 때론 책임지는 것을 두려워해서 안 하려고 하기도 해. 그럴수록 부모님은 아이에게 잔소리를 하거나 해야 할 것을 정해 주고 간섭하려고 하지.

2. 설득하기와 조르기의 차이를 구별해 보자.

부모님을 설득하는 아이	부모님을 조르는 아이
- 부모님이 원하는 것도 생각한다.	- 아이가 원하는 것만 생각한다.
- 설득하려는 이유가 분명하다.	- 조르는 이유가 분명하지 않다.
- 설득이 안 되면 근거를 보충한다.	- 조르기가 안 되면 떼를 쓰려 한다.
- 책임감이 높다.	- 책임감이 낮다.
- 학교에서 생활 태도가 좋다.	- 학교에서 생활 태도가 좋지 않다.
- 부모님이 많이 믿어 준다.	- 부모님이 많이 간섭한다.

3. 부모님은 어떨 때 아이의 의견을 받아들이고 믿게 될까?

조르기를 하지 말고 책임감 있는 행동으로 의젓한 모습을 보여야 해.

부모님이 보기에 가장 확실한 것은 아이가 한 가지 좋은 행동을 꾸준히 해 나가는 것이지. 그러려면 아이는 어떻게 해야 할까?

자기 방 청소. 침구 정리, 책가방 정리, 책상 정리, 분리수거 등 가정에서 할 수 있는 일을 아이 스스로 하나를 정해 최소한 한 달 이상 꾸준히 하는 모습을 보여 주는 거야.

'아이가 ○학년이 되더니 의젓해졌구나!'
'지켜보지 않아도 하려고 노력하는구나!'
'자기 말에 책임을 지려고 하는구나!'
'(선생님이) 학교에서는 생활 태도가 좋다고 하는구나!'
부모님은 이런 생각을 하면서 아이의 의견을 받아들일 준비를 하시지.

▶▷ 부모님을 설득하고 싶을 때 선생님 사용법

선생님께 먼저 인정을 받아야 한다.

기본 생활 태도와 학습 태도가 좋은 아이는 선생님께 성실한 아이로 인정받을 수 있어. 보통 이런 아이는 부모님과의 관계도 좋은 편이야. 하지만 간혹 부모님으로부터 간섭과 잔소리를 많이 듣는 경우도 있어. 이럴 때 선생님이 도와줄 수 있단다.

선생님께 부탁하자.

아이는 부모님을 설득할 방법을 찾고 싶고, 그래서 선생님께 상담을 요청해.

"선생님, 부모님을 설득하고 싶은데 어떻게 하면 좋을지 모르겠어요. 도와주실 수 있을까요?"

부모님께 요구하는 것이 있을 때 그 이유가 충분하고 학교생활에 도움을 주는 것이라면 선생님은 들어주려고 노력할 거야.

좋은 예) 선생님과 공부를 열심히 하기 위해 학원을 줄여야겠어요. 대신 학원에서 공부하는 시간만큼 스스로 공부하고 싶어요.

나쁜 예) 학원 다니기 싫어요. 선생님이 대신 말해 주세요.

선생님이 아이 편에 서서 부모님께 전해 주는 방법

요즘은 학부모 상담 주간이 있어. 이럴 때 선생님은 아이의 입장을 자연스럽게 부모님께 전해 드릴 수 있어. 선생님이 직접 전화를 할 수도 있지.

아이가 부모님을 설득하기 위해 노력하는 모습을 선생님이 대신 전한다는 건 어찌 보면 아이의 대견함을 전하는 거야.

부모님도 흐뭇하게 생각하실 거야.

'우리 아이가 이렇게 깊이 생각하고 고민을 했구나.'

진짜 설득은 아이와 부모님이 가정에서 해야 하지만 선생님이 전한 아이의 입장은 많은 도움이 될 거야.

|||| 부모님을 설득하는 문제에 대한 차 쌤의 조언 ||||

아이가 선생님을 설득하는 방법을 알아야 부모님을 설득할 때도 도움을 받을 수 있어.

선생님이 설득 방법을 간단하게 이야기해 볼게.

선생님에게는 조르기가 안 통해. 대신 학급 규칙만 잘 지키면 선생님은 아이의 의견을 충분히 들어주고 조언을 해 줄 수 있어.

선생님을 사용하는 것은 게임과 같다고 차 쌤이 말했던 걸 기억하지?

그래서 선생님을 설득할 수 있다고 생각하는 아이만 사용할 수 있어.

생각보다 어렵지 않지? 부모님을 설득하는 건 건강한 도전이니 선생님과 상의해서 꼭 도전해 봐.

38 전학을 가야 할 때

 유경 : 태호야! 우리 집이 이사하는 바람에 다음 달에 전학 가야 해.

 태호 : 너랑 티격태격하긴 해도 정들었는데 전학 간다니 아쉽다.

 차 쌤 : 선생님도 많이 아쉬운데. 떠나는 학교에서 추억을 만들고 새로운 학교에 잘 적응할 수 있는 방법을 알려 줄게.

1. 전학은 힘들지만 새로운 기회이자 도전이다.

　친하게 지내던 친구들을 남겨 두고 홀로 새로운 학교로 전학 간다는 건 힘든 일이야. 하지만 이사와 같은 어쩔 수 없는 이유로 전학을 해야 한다면 부모님께 불만을 털어놓기보다는 긍정적인 마음으로 받아들이는 것이 우선이야.

　'전학 가서도 잘할 수 있어.'

　스스로에게 이런 다짐을 해 본다면 전학 간 학교가 새로운 기회를 주는 곳일 수도 있을 거야.

2. 전학가기 전 학교에서 마무리하기

함께했던 선생님과 친구들에게 전학 갈 사실을 알리는 게 먼저겠지? 보통 이사는 한 달 전후로 결정이 되니까 이별을 준비할 시간은 충분할 거야.

그동안 함께했던 선생님과 친구들에게 감사함을 전하는 것이 가장 좋아.

"선생님이 계셔서 잘 지낼 수 있었어요."

"○○야, 잘 지내. 가끔씩 연락하고 지내자."

전학 가기 전 간단한 기념사진을 찍을 수도 있고 요즘은 인터넷과 휴대 전화가 있으니 가끔 안부를 물을 수도 있어.

3. 전학 간 학교에 적응하기

이별의 아쉬움을 뒤로하고 전학 갈 학교에 적응하는 것도 중요하겠지? 보통 정든 학교를 떠나자마자 다음 날 새로운 학교로 전학을 갈 거야.

전학을 가면 새로운 학교의 교무실로 먼저 가서 전학 왔다는 것을 알려. 그러면 학년과 반을 정해 주고 주소나 연락처, 그리고 이전 학교의 이름과 학반 등 간단한 정보를 적을 거야. 그다음에 새로운 담임 선생님을 만나고 새로운 반에서 새로운 친구들을 만나게 될 거야. 그렇게 새로운 학교에서 새롭게 시작을 해 보는 것도 좋은 경험일 거야.

▶▷ 전학을 가야 할 때 선생님 사용법

전학 이야기는 친구들보다 선생님께 먼저 알리자.

아이가 그동안 공부한 결과와 출석 등 자료를 다 정리해서 전할 갈 학교에 보내야 하기 때문에 선생님은 할 일이 많이 생긴단다. 그래서 최소한 2주일 전에 전학 간다는 이야기를 해 주면 좋아. 전학 이야기는 선생님께 먼저 해 주면 전학 갈 아이가 좀 더 편한 마음으로 준비할 수 있도록 배려해 줄 거야.

<u>작별의 인사와 만남의 인사에 신경 쓰자.</u>

헤어지는 선생님과 친구들, 그리고 새로 만날 선생님과 친구들에게 해야 할 인사를 준비해 두면 좋아. 특별한 형식은 없고 즉석에서 하는 것이 어색하면 간단히 적어서 준비하는 것도 괜찮아.

: 작별의 인사

그동안의 추억을 이야기하면서 감사함과 고마움을 표현하자.

선생님과 아이들에게 모두 인사말을 준비하는 게 좋아. 개인적으로 친했던 아이들은 따로 인사를 하도록 해.

: 만남의 인사

"안녕 친구들! 난 ○○라고 해."

"좋은 선생님과 좋은 친구들을 만나게 되어서 반가워."

"새로 온 학교라 낯설고 어색하지만 나도 너희처럼 좋은 친구가 되기 위해 열심히 노력할게."

밝고 또렷한 목소리로 자신감 있게 하는 것이 중요해. 아이들을 쳐다보며 미소를 지으려고 노력해 봐. 선생님은 물론이고 친구들도 좋아할 거야.

<u>교과서와 학습 진도를 확인하자.</u>

음악, 미술, 체육, 실과, 영어 과목은 학교별로 교과서가 다를 수 있어. 보통 학교에서는 여분의 책을 몇 권 준비해 두기 때문에 선생님께 말씀 드려 책을 얻도록 하자.

이전의 학교와 진도가 안 맞는 경우에도 선생님께 말씀 드리면 별도의 지도나 학습 조언을 받을 수 있어.

39 선생님께 감사함을 표현하고 싶을 때

벌써 1년이 지나 선생님과 헤어져야 된다니 아쉽네요.

유경: 맞아. 선생님과 헤어질 때 뭔가 감사의 마음을 전하고 싶은데 어떻게 하지?

차 쌤: 선생님께 감사의 표현을 하고 싶은가 보구나.

1. 감사의 표현을 하려면 언제 하는 것이 좋을까?

　　: 감사한 일이 생겼을 때 바로 하자.

　감사하다는 생각이 들 때 선생님께 바로 표현해 봐. 의외로 선생님들은 아이가 감사함을 표현하면 매우 기뻐하며 보람을 느낀단다.

　　: 특별한 기념이 되는 날에 하자.

　평소에 감사한 마음이 있어도 선뜻 선생님께 그 마음을 전달하기 어려웠다면 스승의 날, 방학식, 종업식, 졸업식 같은 특별한 날에 하면 자연스럽게 감사의 마음을 전달할 수 있어.

2. 감사의 표현은 어떻게 전하는 것이 좋을까?

　선생님께 감사한 마음을 표현하려고 마음먹었으면 행동으로 옮겨야 하는데
가장 좋은 방법은 편지를 쓰는 거야. 요즘은 이메일로도 할 수 있어.

　：선생님을 통해 아이가 달라진 점을 알려라.

"선생님 덕분에 자신감이 생겼어요."

"선생님 덕분에 무사히 초등학교를 졸업하게 되었어요."

"선생님이 도와주셔서 친구들과 친하게 지내는 방법을 배웠어요."

　아이가 선생님과 함께 생활하고 공부하면서 고마웠던 것이나 발전된 모습을
이야기해 주면 읽는 선생님은 보람을 느끼며 미소를 짓게 되지.

: 선생님과 함께했던 추억을 구체적으로 써라.

"제가 그린 풍경화를 칭찬해 주셔서 행복했어요."

"선생님 기억하세요? 현장 학습 가서 제가 다쳤을 때 많이 걱정해 주셨잖아요. 그때 참 고마웠어요."

"선생님이 제 노래를 듣고 웃어 주셨을 때 참 고마웠어요."

선생님과 함께했던 기억 중에 좋은 추억을 써 주면 좋아.

'맞아. ○○가 그땐 그랬지.' 하며 선생님은 흐뭇한 미소를 지을 거야.

: 새로운 학년(중학생)이 되었을 때 다짐을 쓰자.

"선생님께 배운 ○○를 꼭 기억해서 새 학년(중학생)이 되어서도 열심히 하겠습니다."

종업식이나 졸업식에 감사한 마음을 표현한다면 꼭 새 학년(중학생)의 다짐도 해 보자.

평소 선생님으로부터 들었던 여러 가지 이야기 중에서 가장 기억에 남는 말을 적어 주면 좋아.

: 함께 찍은 사진이 있다면 같이 넣자.

한 장의 사진이 어떨 땐 몇 장의 글보다 많은 이야기를 할 때가 있단다. 아이의 얼굴이 예쁘게 나오지 않아도 상관없어. 추억을 떠올리게 할 수 있다면 그건 가장 좋은 사진이 될 거야.

3. 선물은 NO. 꼭 하고 싶으면 종업식이나 졸업식 때 가벼운 선물만 OK.

'편지나 이메일만 보내면 선생님이 섭섭하게 생각하지 않을까?'

이런 고민은 하지 않아도 돼. 선생님은 정성껏 적은 편지나 이메일만으로도 충분히 아이의 마음을 느끼고 고마워해. 그래도 마음의 선물을 하고 싶다면 종업식이나 졸업식 때 가벼운 선물이나 꽃 한 송이 정도면 충분해.

선생님께 정말 감사하고 선생님을 칭찬하고 싶을 때 하면 좋은 TIP

아이가 주는 감사의 편지나 이메일을 받으면 정말 고맙고 행복하단다.

선생님이 정말 좋고 감사한 마음이 들어 다른 사람들에게도 알리고 싶다면 학교 홈페이지에 글을 작성해서 올리도록 해. 특히 각 교육청에는 [칭찬합시다] 게시판이 있어서 좋은 선생님을 소개하는 곳이 있단다. 여기에 선생님에 대한 감사의 편지를 쓰면 많은 사람들에게 선생님을 자랑할 수 있어.

나오며

태호야, 유경아!

차 쌤과 함께 선생님 사용 설명서를 다 읽어 본 느낌이 어때?

멀게만 느껴졌던 선생님이라는 존재가 좀 더 친근하게 느껴지지 않니?

'착하고 공부 잘 가르쳐 주시는 선생님을 만났으면 좋겠다.'

'착하고 공부를 열심히 하려는 아이를 만났으면 좋겠다.'

아이의 마음과 선생님의 마음은 그리 다른 것이 아니란다.

선생님도 아이가 학교에서 공부하면서 건강하고 행복한 아이가 되었으면 하고 생각한단다.

이 책을 읽고 나면 어떻게 선생님과 즐겁고 재미있게 학교생활을 할 수 있는지 알 수 있을 거야.

선생님을 잘 사용해서 모든 아이들이 학교가 즐겁고 행복한 곳이라는 것을 알았으면 좋겠어.

그럼 안녕!